有边界感的妈妈，孩子自觉又主动

陈欢欢 著

苏州新闻出版集团

古吴轩出版社

图书在版编目（CIP）数据

有边界感的妈妈，孩子自觉又主动 / 陈欢欢著.
苏州 : 古吴轩出版社，2024. 9. -- ISBN 978-7-5546
-2423-4

Ⅰ. G78

中国国家版本馆CIP数据核字第2024VR2599号

责任编辑：顾　熙
见习编辑：张　君
策　　划：汲鑫欣　杨晓静
封面设计：YOLENS

书　　名：**有边界感的妈妈，孩子自觉又主动**
著　　者：陈欢欢
出版发行：苏州新闻出版集团
　　　　　古吴轩出版社
　　　　　地址：苏州市八达街118号苏州新闻大厦30F
　　　　　电话：0512-65233679　　邮编：215123
出 版 人：王乐飞
印　　刷：天宇万达印刷有限公司
开　　本：670mm×950mm　1/16
印　　张：11
字　　数：93千字
版　　次：2024年9月第1版
印　　次：2024年9月第1次印刷
书　　号：ISBN 978-7-5546-2423-4
定　　价：46.00元

如有印装质量问题，请与印刷厂联系。0318-5302229

　　孩子学习不自觉、不主动？这也许是因为父母忽略了自身边界感的建立。边界感指的是在人际交往中感受到的或维持的自我与他人之间的界限。一个人要能对自己的言行和情绪负责，在与他人交往时能保持适度的距离，并在他人的言行出现越界情况，对自己造成困扰时，能表达反对意见，能确保自己的独立性与自主性。

　　在日常家庭教养中，父母具有边界感体现为对孩子的爱与规则的双重建立，即充分尊重孩子，给予孩子选择权，并让孩子在一定的原则下独立自主地生活、学习。父母如果有边界感，能够尊重孩子的成长节奏，则有助于孩子在成长过程中更好地认识自我、管理情绪、发展个性。

本书立足于帮助父母建立与孩子之间的边界感，使父母在教养孩子时更有原则、更有边界感、更尊重孩子；本书着眼于引导父母适度放手，培养孩子良好的自主学习习惯，唤醒孩子的内驱力，让孩子能自发地学习。

本书具有如下特色。

（1）五大主题，直击痛点。本书从五个方面——主动性、内驱力、时间管理、学习习惯、情绪管理着手，逐一剖析孩子在学习方面存在的问题，直击家庭教育中的一些难点和痛点，使父母在自己与孩子之间建立适度的边界感，帮助孩子积极、主动地学习。

（2）针对性与实用性并存。本书针对孩子存在的不同的学习、生活方面的问题，向父母提供了可行性建议和实践方法，针对性与实用性并存，助力父母更好地教养孩子，帮助孩子成长。

（3）案例生动，有效缓解父母的焦虑情绪。本书用生活中常见的、具体的案例，诠释了在家庭教育中父母可能遇到的一些难题，并对其进行解析。父母在阅读后焦虑情绪得到缓解，获得教养孩子的信心。

总之，只有父母建立与孩子之间的边界感，孩子才能更加独立自主、自信从容地学习、生活。

目　录
CONTENTS

第一章

适度放手——
把学习的主动性
还给孩子

在孩子上小学中、高年级后，很多父母不约而同地加入陪伴孩子学习的大军。虽然陪伴孩子学习是常有的事，但让孩子安安静静地高效学习，却是许多父母"不可能完成的任务"。

对于学习，一些孩子的脑海里似乎没有"积极主动"这个词，什么都靠父母催、逼，甚至责骂。

你可能会有这样的疑问：为什么我的孩子就是不能主动地学习？怎样才能让我的孩子学习时变得积极、主动？

要想得到答案，就请你先思考：你是不是事事都为孩子操办，让孩子不敢为自己做主？你是不是缺乏耐心，凡事都不让孩子尝试？你是不是总向孩子强调"要听话"，剥夺了孩子的决定权？总而言之就是：你是不是管得太多了？

请你学会并做到适度放手，建立起你与孩子之间的边界感，把学习的主动性还给孩子！

01

"绑住"孩子？不如换个学习环境

"我专门给我家孩子布置了一个安静的书房，供他学习用。书房里有书架，书架上摆满了书，但他就是不愿意在书房里写作业。他平常都是趴在客厅的茶几上写作业，而且常常是坐在地上而不是好好地坐在凳子上，像只猴似的动来动去，完全静不下心来写作业……难道我特意给他布置的书房一点儿都不吸引他吗？"

还可能有下面这样的情况——

场景一

"我家有两个孩子，两人住同一个房间，他们在房间里写作业。房间里有很多玩具，他们经常写着写着就开始玩……我进去提醒他们赶紧写作业时，看到他们要么是趴在地上下飞行棋，要么是站在床上打闹……我常常需要大声对他们吼，他们才能重新坐回书桌前。可是，过一会儿，他们趁我不注意，又从抽屉里拿出玩具车在桌面上滑着玩。就算我禁止他们写作业时玩玩具，但他们会聊天啊！他们总有聊不完的话。学习任务？早就被他们抛到脑后了！"

场景二

"我女儿放学回家后，就把一堆零食拿到她自己的房间里，然后关起门来写作业。起初，我见她写作业这么积极，还挺高兴的。但后来却发现，她写作业的速度特别慢，错误特别多，有的作业本上还有油渍……我让她不要一边吃零食一边写作业，她就是不听。我把零食没收了，可她干脆不写作业了，她还说不吃零食她就没法儿写作业。我真不知道她怎么养成这么个习惯，现在都改不过来了！"

场景三

"我家孩子做事慢，写作业很磨蹭，而且总是走神儿。所以我总是忍不住提醒他，常检查他作业完成的进度。我只要觉得他速度慢，就会忍不住发火。他说他写作业慢是因为我总打断他的思路。但是，如果我不去管他，他就会拖到深夜也写不完作业。他效率低，我也筋疲力尽。我到底该怎么办？"

你是否和上面案例中的父母一样苦恼？费尽心思想让孩子静下心来学习——布置书房，没收玩具，甚至给孩子施压，就差把孩子"绑"在凳子上了，但孩子就是不吃这套。不管你有没有意识到要给孩子布置一个书房，你首先需要明确的一点是：要想让孩子心甘情愿地、专注而高效地完成学习任务，关键在于给孩子营造适合他学习的氛围。然后，你还要注意：对孩子来说，你也属于环境的一部分，你的言行也影响着孩子的心态，你拥有边界感，有利于为孩子营造良好的学习环境。那么，要怎么做，才能有效改善孩子在家的学习环境呢？

① 布置一个"减压"书房

从理论上来说，父母给孩子安排一个独立的学习空间，并且布置得当，会有助于孩子提高学习效率。但如果孩子排斥在这个空间内学习，可能是因为孩子身处这个空间时有压力。你要想一想：你是不是只按照自己的想法给孩子布置学习空间，将你的"好意"一股脑儿地抛给孩子，而根本没征求孩子的意见，没考虑孩子的想法？如果是，那就请你和孩子沟通，给孩子的学习空间减压。

要注意，学习空间的"硬件"很重要，你务必认识到这一点。问问孩子喜欢什么样的书桌和台灯吧！书桌、灯光等都是孩子的定心丸。孩子只有在他认可的环境中学习，才能学得好。也可以让孩子按照他自己的想法布置他的学习空间，你需要做的是引导孩子，让该空间的氛围适合学习。请注意，这并不是让孩子随心所欲地布置，你的引导很关键。记住：学习空间要整洁、敞亮，不要放置过多可能干扰孩子学习的玩具、装饰物等。

还要注意，不要把你的喜好强加于孩子。你认为学习空间应该沉静而严肃，但孩子有可能十分抵触。让孩子自主布置的目的是让学习空间不压抑，充分激发孩子学习的主动性和热情。

② 巧妙创造学习环境的"氛围感"

很多父母总忍不住监视孩子学习，不断地询问孩子学习的进度，这也是一种边界感缺失的表现。孩子学习时，你三番五次地打扰，有可能会打乱孩子的思绪，破坏学习氛围。如果你总这样做，孩子容易紧张，反而无法认真学习。所以请注意，你的"认真负责"不一定能帮到孩子！

不要在孩子学习时频繁地进出房间。你要做的，是营造适合孩子学习的氛围，而不是紧张感。要想让孩子沉浸式地学习，首先，你要信任孩子，相信孩子可以独立完成学习任务，给孩子足够的空间和时间。如果发现孩子完成学习任务用时过长，你要及时找到原因，比如是不是因为没掌握知识点等，然后有针对性地解决问题。其次，你与其总是问孩子学习的进度，不如让孩子主动告知你。你可以和孩子约定时间点，让孩子自己总结学习时间分配情况和学习任务完成情况。这样做，有利于孩子学会掌控自己的时间，学会自主分配学习任务，对学习产生主动性，而你也能及时了解孩子的学习情况，减少焦虑。

③ "学"和"玩"分开

毋庸置疑，喜欢玩是孩子的天性，如果有一本书和一个玩具摆在孩子面前，大部分孩子会选择玩具。你务必认识到"玩"对于孩子的必要性。而关于如何平衡"学"和"玩"，重要的一点是，要培养孩子的一个意识，那就是："学"和"玩"要分开，该学习时认真学习，该玩时认真玩。你可以让孩子做选择题："你是想先学习，还是先看电视？""你是想先看书，还是先玩玩具？""你是想先打球，还是先写作业？"

不要命令孩子先做什么后做什么，而是让孩子自己选择并定好时间，尊重孩子的选择。记住，不要让玩具或其他令孩子分心的东西出现在书桌上，也不要在孩子规划好的娱乐时间内打扰他，让他看书、学习等。

④ 绝对安静不一定适合孩子

大部分父母有这样的想法：孩子学习时，需要一个安静的环境。因此，有些父母在孩子学习时与噪声进行"斗争"：紧闭门窗，隔绝声源，连自己走路都蹑手蹑脚的。

诚然，学习需要静下心来，但是由于生理差异，有些孩子需要在非常安静的环境中学习，但有些孩子学习时却需要一些背景音乐。

所以，你要意识到：首先，你是不可能完全控制外界的噪声的，隔绝噪声的想法只会让你变得焦虑；其次，如果你对噪声过度在意，也会导致孩子对噪声过度在意，反而让孩子难以静下心来学习；最后，孩子也需要锻炼适应环境的能力，环境中存在一些噪声也可以锻炼孩子的抗干扰能力和专注力。

正确的做法是：不要过度追求安静的学习环境，学会顺其自然，要让孩子学会适应环境。另外，如果孩子学习时想听点儿音乐，并认为这样能够促进他更好地学习的话，你不妨同意孩子这样做。

02

别催！越催，孩子越不想学习

"我家孩子特别不爱写作业。他好像和作业有仇似的——回到家后，要么不想打开书包，取出作业本写作业，要么写得不情不愿。我总催他：'赶紧去写作业，否则又完不成了！''这么磨蹭，乌龟都比你快！'可是不管我怎么催，他写作业的状态都没有太大变化。有好几次，作业本就摊在他面前，他却死活不拿笔写。所以家里常常充斥着我的催促声或责骂声，他听得心烦，我喊得烦躁，真不知道该怎么办了……"

其实，遇到这种问题的父母不在少数——

场景一

"我女儿去兴趣班跳舞、弹钢琴时都很积极，早早地换好衣服等我出门，根本不用我催。但是她在学习方面就很懈怠，她不愿意坐在座位上好好学习，仿佛凳子长了钉子似的，她总是坐不住。怎样才能让她对学习也像对跳舞、弹钢琴一样感兴趣呢？"

场景二

"我儿子一坐在书桌前就叹气，只要是学习，他脸上就没有笑容。别的孩子老早就写完作业，来到我们家门口等他去玩，他却怎么也快不起来。我催他：'你赶紧写呀，别让小伙伴等太久！'他叹了口气，继续磨洋工。我继续催：'赶紧写，写不完可不能玩啊！'过了一会儿，他说他写完作业了，就溜出去玩了。等第二天老师联系我，我才知道，那晚的作业他并没有写完！我孩子怎么学会骗人了呢？"

场景三

"我也经常催我儿子学习，而且总是催着催着就和他吵了起来。比如，我说：'都晚上九点半了，你怎么还没写完作业?!'他会说：'我就是不想写！'我又说：'你现在不写要等到什么时候才写？'他说：'什么时候写和你无关！'以前催他，他虽然不情愿，但还是听的，但他现在常常不耐烦，甚至跟我顶嘴。我担心我以后再也管不住他了！"

人是有惰性的，不管是孩子还是成年人，常常需要被提醒、被催促。对于孩子来说，学习时有可能缺乏专注力，或不够自律。如果学习时遇到一些困难，孩子有可能会本能地产生逃避心理。如果你没有认真分析原因，只是一味地催孩子学习，这非但不能让孩子对学习产生兴趣，反而会破坏孩子学习的内驱力，让孩子在催促声中渐渐厌烦，严重时，孩子甚至可能产生逆反心理，更不愿意学习。你一味地催促，对孩子来说是压力的入侵，是一种侵犯孩子边界的行为，有可能造成孩子反感、焦躁。所以，你千万不要一味地催孩子学习！要想让孩子主动学习，你需要讲究方法。

1 不要总说"立刻！马上！"

看到孩子做事拖拉，有些父母总是控制不住自己体内的"洪荒之力"，会大发雷霆，对孩子吼："立刻！""赶紧！""马上！"但是，这样简单粗暴的催促，不仅会破坏你和孩子之间的边界感，还会将你的焦虑与愤怒传递给孩子。你如果想让孩子做事麻利，想让孩子成为时间的主人，就得让孩子自己学会把握时间！所以，不要再拼命地催孩子了，而要让孩子学会自主管理时间。

2 分析孩子慢的根源

有些父母可能会担心：真的可以停止催促，让孩子自己主动学起来吗？请放心，你只要找到孩子完成学习任务慢的原因，对症下药，让孩子主动学习并不是难事。你可以观察孩子在生活和学习过程中的言行，或听取老师的反馈，等等，分析孩子做事、学习慢的原因。

如果是孩子时间观念不强，导致学习效率低下，那就从细节抓起，培养孩子良好的时间观念，帮助孩子做好时间管理；如果是孩子上课时注意力不集中，课堂上没听懂，导致作业没办法顺利完成，那就耐心地引导孩子，在日常生活中注意培养孩子的专注力，并积极与老师沟通，让老师在上课时多提醒孩子不要走神儿；如果是孩子平时练习得太少，导致孩子遇到难题时不会解答，那就和孩子一起深挖根源，让孩子弄懂概念，巩固基础知识，并学会举一反三；等等。

但在帮助孩子解决问题的过程中，你要时刻注意自己的身份——无论是学习还是生活，你只是孩子的引导者和被模仿者，这就意味着，你替代不了孩子，但却能深刻地影响孩子。所以，你不要着急，而要将催促的话语改为温和的询问。只有这样，孩子才有可能在你的关心中获得支持与动力。

③ 利用"鸟笼效应"培养孩子的学习热情

有些父母说："孩子有很多爱好和兴趣，但学习不在其中。"孩子可以从兴趣和爱好里学到很多，对于有些孩子来说，学习可能比较枯燥，反复的练习可能让孩子对学习失去热情。所以，你要做的不是把学习当作一种任务强加给孩子，而是给学习套上有趣的外衣，让孩子体会到学习是充满乐趣的。

著名心理学家威廉·詹姆斯提出的"鸟笼效应"指的是一个人原本对某类事物并不感兴趣，但如果他身边的人对该类事物谈论得多了，他也会随之感兴趣起来。你可以向孩子讲述学好某学科的意义或讲述一些有关某学科的趣事，比如："你如果学好地理就能更好地欣赏河山的壮美，旅游时会有更多新发现。""你知道物理学发展到现在，还存在'两朵乌云'吗？"此外，你也可以常带孩子去科技馆或博物馆转转。相信孩子多听、多看了，心里就会燃起学习的热情。

④ 巧用心理暗示

虽然总是催孩子学习这种做法并不被提倡，但是父母的催促也并非都是无用的。适时且适当地催是有效果的，而父母需要注意的是催促时的方法和态度。你可以将严厉的明示改为有趣的暗示，比如，当你下班回到家时，看到孩子在看电视而还没有完成作业，你可以这么讲："咦？今天这么有'闲情雅致'啊！看来学习任务已经完成了吧？""某人再不写完练习题，就吃不到我买的冰激凌啦！"不管你采用何种暗示方法，重点是孩子能够听进去。孩子只要能把你的委婉提示听进去，便不会产生逆反心理，从而能主动学习。

⑤ 学会正确地夸奖孩子

在孩子燃起学习热情，开始主动学习后，你不要认为之后的事与你无关了。要想让孩子的"学习之火"持续燃烧，你需要不断地鼓励、夸奖孩子。比如，你要告诉孩子："你只用这么短的时间就能写完一篇高质量的作文，你真棒！""只剩最后一题了，你再努力努力，马上就能看新买的漫画书啦！"

但是，你要避免盲目的、毫无理由的鼓励。比如，孩子遇到问题和困难时，你只会说："妈妈相信你，你是最棒的！""不要怕，你一定可以！"这样的话语非但不能帮助孩子解决问题，还会给孩子的心理造成不小的压力。实事求是的夸奖才是正确的、尊重孩子的鼓励方式。

⑥ 你就是孩子的榜样

榜样的力量是很强大的，而父母正是孩子的第一学习对象。所以，你不要再把催促当成让孩子好好学习的唯一手段，而要让自己成为孩子的榜样，激发孩子的学习动力。你要以身作则，将手中的手机换成书本，将口中的邻里八卦换成书中的知识，向孩子展示知识的魅力，引导孩子去探寻。比如，只要你坚持阅读，你的孩子就会默默地向你学习，久而久之，也会养成爱阅读、主动学习的习惯。

03

陪孩子学习，而不是监督

"我儿子学习时，总是这儿错那儿错，而且，很多简单的题目他都做不出来，写了半天还是有很多题目空着。一看到这种情况，我心里就窝火，忍不住冲他说：'怎么这么简单的题也会错？''想那么久也写不出来？''这不是很容易吗？'我真的控制不住自己的情绪，结果，我被他气得头晕……有什么办法能让我心平气和地陪孩子写作业吗？"

你是不是还有以下的疑问或经历——

场景一

"我陪我家孩子写作业，从头到尾都是我一个人在讲话。问她问题她摇头，给她讲题她不听。刚讲过的知识点，她一做题还是出错。我问她：'你知道这道题为什么做错了吗？'她一声不吭，只会默默地把错误的答案擦掉。我觉得我陪她学习的气氛真的好压抑……可是我也不想这样啊！"

场景二

"我女儿写作业时，总是沉不下心。写的字歪七扭八，她还说这是自己的'风格'！我每天晚上都坐在她身边跟她耗着，让她认真写作业真的很费劲。我也想过不再坐在她旁边盯着她，但如果没有我盯着，根本不知道她会把作业写成什么样！"

场景三

"我陪我们家孩子学习是很认真的。从他开始写作业起，我就不停地看时间，监督他按时完成作业。我会把每一天完成作业的情况进行比较，分析今天是写快了还是写慢了，错误率是高了还是低了。但是他的成绩并不好，而且他现在一看到我坐在他身边就露出一副即将受难的表情。我明明是为他好，为什么他不领情呢？难道我做错了吗？"

以上这些情况许多父母都遇到过。明明已经尽自己所能地陪伴孩子学习，但从孩子的学习情况来看，为什么效果微乎其微，甚至孩子越学越差呢？原因就在于：你把"陪"变成了"监督"。这两者有什么不同？

"陪"是观察与支持，而"监督"则是监视与督促。你现在陪孩子学习，目的是今后不用再陪孩子，孩子能独立自主地完成学习任务。要想达到这一目的，你就不能"陪"得过火，将"陪"变为"监督"。因为"监督"孩子学习，其实是在侵犯孩子的边界，同时，也让孩子渐渐变得不自信，反而可能导致孩子在学习上难以实现独立。所以，请你务必认清"陪"孩子学习的本质，正确地"陪"孩子学习！

① 理解孩子写作业的本质

要想正确地陪孩子写作业，父母首先要认清孩子写作业的本质。孩子写作业的本质是巩固当天学到的知识。父母陪孩子写作业，并非像老师那样为孩子讲解知识，而是尽可能地通过陪孩子学习，观察并了解孩子在学校的学习情况，有针对性地解决孩子遇到的问题。因此，你不该精神紧绷地盯着孩子，或是不许孩子出错。因为这是孩子的作业，而不是你的作业，你最终的目的是培养孩子的独立性，所以，陪孩子写作业时不要越俎代庖！

② 不要随意打断和批评

有些父母在陪孩子写作业的过程中，看到孩子犯错了，便会立刻指出孩子的错误，甚至有些父母还十分不耐烦，冲孩子发脾气。请你不要这么做。你随意打断和批评，看似是在纠正孩子的错误，实际上却影响了孩子的专注力，并且是一种缺乏边界感的行为。不仅如此，你这样的行为还会让孩子的情绪变得低落或暴躁。请你换位思考一下：如果你正在认真地思考或做事，有人在你身边不停地打断你，并说"你这不对""你做错了"，你会是怎样的心情？你会烦闷、愤怒，甚至怨恨这个人。孩子也一样。

在陪孩子写作业时，如果发现孩子出错了，你不要马上指出错误，而是待孩子写完作业后，再让他回过头思考错题。你可以让孩子专门留出一段改错的时间，这样，孩子能逐渐养成检查、纠错的习惯。尽量不要在孩子思考时打断他，以使孩子较好地保持专注力。

③ 学会倾听与沟通

在亲子互动和交流中，倾听和沟通是必要的，陪孩子学习也是如此。孩子在学习的过程中会遇到各种困难，你如果想真正地帮助孩子，就要学会倾听孩子的心声，与孩子进行有效沟通。这需要一定的策略。

首先，你要能感知孩子的情绪，学会提问，这样才能让孩子打开话匣子。孩子在学校里学习了一天，也许会遇到一些趣事，也许有些苦恼的事。你可以问问孩子："今天有没有发生什么好玩的事？""你今天学到了哪些新奇有趣的知识？""今天有没有发生让你不开心的事情？"接着，进一步引导他进入学习环节："今天的学习任务是什么？""有不会的地方就告诉妈妈，说不定妈妈可以帮你哦！"最后，要提醒你的是，在陪伴孩子学习的过程中，你不要忽视孩子提出的问题，要认真对待和回答。

总之，学会倾听和沟通，了解孩子的想法，尊重孩子的学习方式，才能帮孩子找到最适合他的学习节奏，从而使孩子高质量地完成学习任务。

④ 换位思考的重要性

要想高质量地陪伴孩子完成学习任务，你还要学会换位思考。很多父母总是监督孩子，是因为他们对孩子充满爱和期盼的同时，夹杂着焦虑：既希望孩子能通过好好学习拥有一个好的未来，也希望自己的良苦用心能获得回报。"可孩子为什么总是不能理解我的良苦用心？"这是许多父母的疑惑。要想解开这个疑惑，你先要问问自己："我是否真正理解孩子？"

孩子在学校里学习了一天，回家后还要在你的监视下完成学习任务，在压力之下，很难体会到学习的快乐，甚至也难以享受其他乐趣。孩子在紧张的环境里容易封闭自己的内心，逐渐变得沉默。所以，换位思考是破题的关键。

请你理解孩子的内心需求，用正确的、轻松的方式传递对孩子的爱意和期盼。把严厉的要求、督促的话语换成平和、温情的话语，多关心孩子的心理状态，站在孩子的角度思考问题，为孩子营造一个更轻松、愉悦、宽松的成长空间。

04

孩子遇到不会的题向你求助时，不要直接给出答案

"我女儿写作业时，总会不停地问问题——'妈妈，这个字怎么组词？''这道题选哪个答案？'我常常直接把答案告诉她，可她一旦知道了答案，就不再听我讲解的过程，根本不想知道为什么会是这个答案。结果，再遇到同类型的题目，她还是不会！"

你会不会也遇到过下面这些情况——

场景一

"我孩子的作业基本上是我完成的，就连作文也是如此。他写作文时，常常一个字都憋不出来。他就眼巴巴地看着我，然后我说一句，他写一句。要是我停下来，他就不写了，好像这个学习任务是给我布置的一样。然后呢？当老师夸他作文写得好时，他还沾沾自喜！我被他气得无话可说！"

场景二

"我每晚要辅导两个孩子学习，一个上三年级，一个上六年级。两个人可以说是一点儿自觉性都没有！遇到不会的题，既不思考，也不翻书找答案。我一会儿要教三年级的知识，一会儿又要教六年级的知识，一个晚上下来，最忙的人是我，而且每天晚上都要耗到很晚。我不知道他们累不累，我是累得顶不住了！"

场景三

"我最怕的就是听到孩子问我：'妈妈，这个怎么写？'开始时，我会让她自己先思考一下，但她写错了，肯定要涂改。看着作业被她改得乱糟糟的，我心里很不舒服，于是，我就给她讲题。可她倒好，根本不愿意再动脑了。不知道别的父母是不是也像我这样。还有没有更好的方法辅导孩子写作业？"

你的孩子是不是也这样：写作业时不断地问你"怎么做"，而你一听到孩子求助，就急忙为孩子讲题或直接把答案告诉孩子了？有这种习惯的父母请务必注意：你这样"有问必答"也是一种没有边界感的表现，因为你剥夺了孩子动脑、思考的权利。有些父母会发现，自己越是"急孩子所急"，孩子就越依赖自己。渐渐地，孩子习惯于等待父母直接给出答案，觉得这是理所当然的事，在学习上变得越来越懒——毕竟不用通过复杂的思考，就能轻松获得答案。这么轻松的事为什么不做呢？这就是孩子的心理。

那么，在这方面要怎样建立自己的边界感？怎样让孩子知道独立思考的重要性，让孩子学会自主学习呢？

① 孩子学习遇到问题时，你不要着急

当孩子向自己求助时，很多父母会第一时间出手帮助孩子，这是出于父母无条件的爱，是可以理解的。只是，孩子在学习的

过程中向你求助时，你不要那么心急。

孩子在学习上遇到困难时，只要你在身边，孩子就会第一时间向你寻求帮助——这其实是从小养成的依赖习惯使孩子产生的下意识反应。因为你总是在第一时间出手帮孩子解决问题，于是孩子便会产生不劳而获的快感，孩子的求助慢慢地就会变成要求："请你一定要帮我。"

不要养成这样的习惯——孩子一求助，你就告诉孩子答案。你要明白：你对孩子的学习没有绝对的决策权，就算你把答案告诉孩子，那也是你解出的答案，不是孩子解出的答案。在这方面，你要有意识地建立边界感，让孩子自己先思考，自己得出答案，即使这个答案是错的。作为父母，要让孩子对自己应做的事负责。

② 必要时再提供帮助

孩子在学习的过程中向父母求助时，父母不要第一时间出手帮孩子解题，但这并不意味着父母不要帮孩子解答疑问，而是要在必要的时候提供帮助。比如，孩子多次试图解答问题，但他其实并没有理解题意，这时，你可以这样说："你再读一读这道题，看看这道题到底想让你做什么。"或者这样说："我们重新读一读这句话，看看它究竟想表达什么意思。"你还可以拿笔将题目中的关键词标注出来……方法有很多。总之，你要记住：授人以鱼不如授人以渔。你提供帮助是为了让孩子在今后的学习中不再需要你的帮助，让孩子理解、弄懂题目并自己解出答案的过程比答案本身更重要！

③ 不会的题目先放放，最后集中反馈问题

还有个方法是，让孩子在做完作业后，留出一段时间，集中解决孩子不会的题。

记忆失用理论（也称"遗忘式学习"）认为遗忘并不全是坏事，遗忘也有助于学习。比如，我们学习某些知识后，有可能过段时间就遗忘了，但如果事后能够重新回忆起这些知识，我们的大脑反而会增强对这部分内容的记忆。因此，孩子写完作业后再集中解决之前不会做的题，这样做其实能帮助孩子更好地记忆知识！

此外，请你记住，在帮孩子解答问题时，要用启发的方式帮助孩子寻找答案。比如，你可以提出开放式的问题，引导孩子去思考问题的不同层面；也可以让孩子学会对解题方法进行假设，然后，你与孩子一同探讨得出的答案是否正确或合理；等等。

05

耐心点儿，"讲过多少遍了还不会"这种话少说

"我给儿子辅导功课时，最让我无语的事情就是：某一类题，我明明给他讲过很多遍，他却像从来没听过一样，再做同类型的题时还是不会。遇到这种情况我就忍不住唠叨：'讲过多少遍了还不会？'我也想有耐心，但每次看到他犯同样的错误，我的怒气就忍不住爆发！"

其实，不是只有你这样——

场景一

"我女儿写某类练习题时，反复错。我反复讲，她反复改。我的耐心耗尽了，忍不住吼她。之后她会向我道歉：'妈妈，对不起，是我没做好。''妈妈，你别生气。'看到她自责的样子，我心里也很不是滋味，但我实在没耐心再给她讲题了。我该怎么办？"

场景二

"我的孩子经常有不会做的题目，起初我很耐心地给他讲解，然后问他：'会了吗？'他点头。我让他自己再解一遍题，他却卡在那里不动笔。我又问他：'你真的会了吗？'他又点头，但结果还是一样。现在他学的科目越来越多，我对他也越来越没耐心了。我真的好着急！"

场景三

"我和孩子的爸爸上学时成绩都很好，但我们的儿子却不是。我本来是个脾气很好的人，但是一陪他学习我就没耐心：'你怎么还在写这道题？刚才不是教过你了吗？''你怎么还是不会？'这是每个晚上我对我儿子说得最多的话。可能因为我没耐心，太凶了，我儿子现在对我怨气很大，什么都不听我的。我真发愁……"

父母在辅导孩子功课时，大多会遇到一个很难克服的问题，那就是缺乏耐心。诚然，人的耐心是有限的，但是在陪孩子学习这件事情上，你要努力做到心平气和。不然，你的那些唠叨，就是对孩子的个人边界的侵犯。"讲过多少遍了还不会"这种话不要说，因为它只会让你的情绪变得更糟，让你更不耐烦，并会打击孩子，让孩子变得自卑。

既然如此，你该和孩子怎样说，或者该怎样做，才能让自己保持耐心，营造良好的家庭教育氛围呢？

❶ 认清孩子的学习节奏

每个孩子都是独特的存在，都有其独特的生命节奏。学习、生活、工作，每个孩子的节奏都是不一样的。有的孩子对生活方面的事情反应很灵敏，但是在学习方面反应可能有些迟钝；有些孩子在学习上反应很快，但对生活中的一些事的反应却慢半拍……这都是很正常的现象，你务必了解这一点。所以，如果你的孩子学习时理解得有些慢，请你理解，这可能是因为他有自己特有的节奏，与其他孩子相比，他可能需要更多的思考或理解的时间。所以，与其一味地和孩子说"讲过多少遍了还不会"，不如先弄清楚孩子的节奏，在尊重孩子个体差异的基础上，再做进一步打算。

② 不要唠唠叨叨

有些父母，不论孩子是学习还是吃饭、睡觉，只要自己觉得孩子磨蹭、效率低，就会忍不住唠叨。为什么会这样？其实，这是因为有些父母不能真正地解决"讲过多少遍了还不会"这个问题。因为无法解决，父母就会失去耐心，变得急躁而不耐烦，从而侵犯孩子的边界。所以，如果你也有同样的情况，那么，你首先要做的是去解决问题，而不是对着孩子抱怨。那么，该如何解决问题呢？

要分析是不是自己的问题。"讲过多少遍了还不会"——有没有可能是你讲得不够好？你要知道，你讲的方式不一定是孩子能接受的，你认为简单的东西，在孩子眼里可能是十分难的。所以，怎样才能讲得明白很重要。

要分析是不是孩子的问题。如果你已经把题讲明白了，但孩子还是不会，就要考虑这道题是否超出了孩子的理解范围。对有些孩子来说，如果没有一定的训练和实践，是不可能真正学会某些知识的。你要做的就是接受孩子的状态，而后耐心地引导孩子多练习。

③ 给予孩子精神上的支持

比起具体教孩子怎么把作业写好，更重要的是给予孩子精神上的支持。想一想：你是不是在辅导孩子学习时，一味地输出自己的想法，却忽视了孩子的想法？孩子其实也在着急地思考解答方法。你不妨理解孩子的不易，对孩子说："你每天都这么努力，真是太有韧性了！"然后告诉他："别着急，多想想。""做不出来也没关系，这很正常。"要让孩子保持积极的心态，孩子才会心态稳定地持续努力。

④ 保持与老师沟通

如果在陪孩子学习时，孩子经常出现你怎么讲他都学不明白的情况，你在耐心耗尽之前，可以和孩子的老师交流、沟通一下。因为最了解孩子的学习状况的，莫过于孩子的老师。与其以急躁的态度对待孩子，不如和老师进行沟通。你可以问问老师：

孩子是不是在课堂上没有认真听讲？是不是学习态度不够端正？

如果孩子是因为这些问题而出现上述情况，那就要先着手解决孩子在学校没有认真学习的问题。

第二章

科学唤醒——
打开前进的
发动机，唤醒
孩子的内驱力

　　有些父母发现自己的孩子对学习总是提不起兴趣，一看到书就愁眉苦脸，不管自己怎么劝说，孩子总有一堆理由不学。"我不想……"就像孩子脚下的藤蔓，紧紧缠着孩子，让孩子迈不开前进的脚步。这些父母很苦恼：我家的孩子怎么"抛锚"了呢？

　　如果把孩子比作一辆小汽车，孩子要想在学习之路上持续前进，那么首先需要有一个好的"发动机"——内驱力。

　　内驱力，是推动个体自主行动的内在力量。在学习领域，它是学生渴望学习知识的一种自主力量，即自觉学习的一股劲儿，也表现为想要取得成就或希望获得他人的赞誉等行为。知名认知教育心理学家奥苏贝尔将内驱力分为三种：认知内驱力、自我增强（提高）内驱力、附属内驱力（指个人为了获得长者或权威者的赞誉和认可，而表现出来的一种把学习或工作做好的动机）。

　　对孩子而言，内驱力是他们学习的原动力。而要想让孩子拥有内驱力，你要做的就是放手——建立你与孩子之间的边界感，做到不催促、不代替、不抱怨，让孩子自己学习、解决问题等，只有不断获得成就感，孩子的内驱力才有可能真正被唤醒。

学习是孩子自己的事，不是你的事

01

"我想，没有比我对孩子的学习更上心的父母了。从幼儿园的手工课，到小学的课后学习任务，只要能帮到孩子，我都会亲力亲为。但久了之后，我发现孩子在学习上没有主动性了，而是什么都听我的。比如，简简单单的组词也不愿意动脑筋想。我现在觉得自己不该这么操心，我担心再这样下去，孩子会因为我事事包办而'废'了。"

其实，这样的情况有很多——

场景一

"我的孩子对学习没有兴趣，天天抱怨学习没意思。我为了使他对学习产生热情，给他买课外书，陪伴他阅读，也给他报了兴趣班等，希望不同的学习环境、学习氛围能让他对学习有新的认识。但这一切都没有产生任何效果。孩子总对我说：'如果妈妈能替我学就好了。'这让我很焦虑。学习明明是他的事情，为什么他会想着让我代替他学呢？"

场景二

"我承认我是一个控制欲极强的妈妈。我女儿看什么书，报哪个兴趣班，先写哪一科的作业，我都要做主。因为我想让女儿在各方面变得更完美。可她却学会了和我唱反调。在学习方面，她非但不能好好地完成学习任务，还学会了投机取巧——抄别人的作业。我生气地问她为什么要这么做，她说：'反正学习没劲，是不是我自己解的答案又有什么关系？'我简直要被她气死了！"

场景三

"我对我儿子的学习可以说是尽心尽力。可就因为我尽心尽力，如果我不在我儿子身边，他就写不了作业。有一次我出差，他的作业愣是一个字也没写。第二天，老师见他没写作业，就问：'你的作业怎么没完成呀？'你猜他怎么说？他说：'因为我妈妈不在家。'我知道这件事后，简直想找个地缝钻进去！"

有些父母总抱怨教育孩子太累，背后的原因其实是孩子的内驱力缺失。有大量例子证明，父母如果过多地干涉孩子的学习，孩子对学习的态度往往变得消极。这是因为孩子产生了逆反心理。

父母如果能激发出孩子的内驱力，不仅能让孩子自觉主动地学习，还能帮孩子克服逆反心理。要实现这个目标，你需要明白一点：学习是孩子自己的事，不是你的事。如果认识不到这一点，孩子便不会有真正的内驱力。而这一点，与你和孩子之间该有的边界感有着莫大的关系。

① 你无法代替孩子学习

首先，你要有一个清楚的认识，那就是：你是你，你的孩子是你的孩子，你们俩是完全独立的个体。而学习这个任务，就像吃饭、睡觉一样，他人不可替代。父母为孩子操心，帮助孩子完成学习任务，希望孩子在学习方面能做得尽善尽美，其良苦用心可以理解。但是，你无法一直代替孩子学习，你最多能教会孩子学习方法。学习这件事，以及人生的其他事，最终还得孩子自己来完成。如果你执意要越俎代庖地"帮"孩子，那么孩子只会变成一个没有思考能力和缺乏行动力的人。

孩子不该变成学习的"奴隶"，应成为学习的"主人"；而你，不该变成孩子的"奴隶"。

② 不要破坏孩子学习的主动性

孩子的内驱力其实是不用父母刻意培养的，因为孩子与生俱来就有着对事物的好奇心以及了解事物的热情，这也是孩子学习的内在动机。可为什么有的孩子似乎在学习方面不存在内驱力呢？那是因为你的行为破坏了它。

想一想：你是不是限制了孩子的很多自主选择？看哪本书，几点开始学习，先做哪个科目的作业……你都要控制。这样做，你是不是就忽视了孩子自己的想法？而且，如果在孩子问你问题时你冷脸，在孩子对新鲜事物好奇时你打断他，等等，这些行为都可能导致孩子的学习激情渐渐冷却。你的控制欲只会让你陷入"我为你好"的自我感动，却让孩子体会不到学习的乐趣，丧失学习的主动性。

你要做的，就是给孩子提供一个宽松的学习氛围，让孩子做自己的主人，学会选择，主动探索知识，成为学习的主人。

③ 引导孩子，激发孩子的好奇心

如之前所讲，孩子的内驱力体现在孩子对事物的好奇心以及了解事物的热情方面，那么，唤醒孩子的内驱力的好方法，就是激发孩子的好奇心。作为父母，你要做的就是满足并回应孩子的好奇心。

首先，不要用成人的思维限制孩子。在学习的过程中，孩子总会有很多奇思妙想，会问很多问题，并且有些可能是不着边际的问题。你不要阻止孩子提问，也不要着急地将自己的想法告诉孩子，甚至让孩子马上认可你的想法。你应该停下说教的冲动，先听听孩子是怎么想的，再通过引导的方式让孩子了解事物。而这种行为，也是和孩子建立边界感的体现。

其次，放开手，大胆让孩子去做。很多父母其实知道好奇心对孩子来说很重要，但是自己要么就是忍不住否定或责怪，导致孩子失去了学习的原动力，要么就是过多地帮助孩子，这极大地破坏了孩子的好奇心，让孩子在学习方面产生无意义感。

所以，你不要太紧张，大胆放开手，孩子就能学会独立向前走。

④ 要让孩子明白，他需要承担学习的结果

有些孩子不爱学习，回到家不愿意做作业，或把学习之事推给父母。面对这种情况，父母要做的就是让孩子明白，学习是他自己的事，学习的结果要由他自己承担。这个结果，包括好的与不好的，包括受到表扬和挨批评。

你要让孩子明白，他可以通过学习收获什么。收获，不仅仅指学会丰富的知识。朋友的佩服、老师的褒奖、父母由衷的开心，都是孩子收获与进步的动力。这些正向的反馈可以极大地激发孩子的内驱力，特别是附属内驱力。

你还要让孩子明白，学习带来的压力——老师的评价、同学的看法、父母的态度，都是他要面对的，甚至他还要面对批评的声音。不过你需要告诉孩子，这些都是正常的，都是他可以应对的。而且，当批评的声音出现时，你也要正确地引导孩子学会接受批评、承担压力，这样，孩子才会正视学习这件事，端正学习

态度，认真学习。

⑤ 不要让孩子进行无意义的学习

学习确实是孩子自己的事，但这并不意味着父母可以完全不管不顾。那么，你该管些什么呢？

为了不破坏孩子的内驱力，前文一直都在强调"放手"，但是有一点你应该"抓住"，那就是：不要让孩子进行无意义的学习。这里所说的"无意义的学习"，是指重复抄写这样的学习方式。如果你发现孩子要完成的学习任务属于这种，而孩子对相关内容已经牢牢掌握，那么你可以和老师进行沟通，减少孩子的这类学习任务。当然，你也要注意，在辅导孩子学习时，同样要避免出现"无意义的学习"这种情况。

02

激发孩子的求知欲，让孩子明白知识的重要性

"唉！我家孩子一点儿都不自觉，就爱看电视，爱玩我的手机。他数学公式记不住几个，古诗背不出几首，网上的段子倒是一个比一个记得准。因为他的学习问题，我都被老师叫到学校好几次了。可是，我不给他玩手机他就撒泼打滚，我现在真是拿他没办法！"

其实，不止你一个人遇到这样的情况——

场景一

"我们家孩子不爱学习，且有很多理由。比如，前天我问他：'今天背了几个英语单词？'他说：'现在明明有翻译软件，为什么我还要学英语？'我无言以对。我想，他可能并不是不爱学习，而是不知道为什么要学习。但我找不到好的办法引导他学习，我该怎么办？"

场景二

"我女儿学习时总是不情不愿的，嘴巴噘得老高，她甚至连学校都不想去。她对什么上心呢？对她的那几个玩具娃娃。她甚至自己画设计图，给那些娃娃做衣服。我从没见她写作业那么认真过！她的这一爱好占据了她大量的课余时间，学习总是为她的爱好让路。我很发愁，怎样才能让她知道学习的重要性呢？"

场景三

"我真的不知道我女儿的脑袋瓜里都装着些什么。平常辅导她学习时，我会很耐心地引导她回答问题。可她常常像卡顿了一样，我怎么问，她都不回应。我以为是我问的问题太难了，她听不懂，然而过了很久她才告诉我，她不知道知道这些答案有什么意义。有一次，她甚至对我发出'灵魂拷问'：'难道知道四大名著是谁写的，我就变得更聪明了吗？'不知道其他家庭里有没有这样的孩子……"

以上场景都不是个例。父母们想必很清楚，孩子的内驱力来源于孩子的求知欲。而要想激发孩子的求知欲，就得让孩子认识到学习知识的重要意义。前文说了唤醒孩子的内驱力要激发孩子的好奇心，也说了要让孩子把学习变成自己的事。但是如果孩子本身并不认为学习知识有用，那么，在他看来，自己应做的事似乎也无意义。看到这里，有些父母可能急了："既然如此，那我就要守着他学习，让他被动地接受知识！"这种想法可以理解，但如果你一味地进行填鸭式教育，孩子非但不能消化和吸收知识，还会对学习产生反感。所以，你要做的是，在建立与孩子的边界感的基础上，引导孩子了解知识对他的重要性。

❶ 让孩子明白，他所学的知识是有用的

很多父母会把孩子学习的重点放在"怎样学"上，却往往

忽视了"为什么学"这个问题。其实，要想孩子主动、踏实地学习，就要让孩子明白"为什么学"，这是更重要的事。

你要告诉孩子，他在课堂上所学的知识，并不是拿来应付考试的，人们之所以要学习知识，是因为人类的文化与科学需要传承与发展，是因为每个个体需要丰富自己的生活，需要完善自我。知识的用处既可以体现在买菜时准确计算蔬菜的价格这样的小事上，也可以体现在航天员乘坐宇宙飞船飞向太空这样的大事上。

下次如果孩子问你："我为什么要学习？""我学知识有什么用？"请你试着这样回答："你和知识的关系就像树苗和养料的关系。你可以选择只靠阳光、水生存在世界上，不过，仅仅这样，你就只是一棵矮小且弱不禁风的小树。但是，如果你有了知识作为养料，那么你就会长成枝繁叶茂的参天大树，你看到的世界也更广阔。"

② 在玩中学习

孩子不爱学习，还有一个重要的原因是学习对他来说没有吸引力。什么最吸引孩子呢？当然是玩了。所以，激发孩子的求知欲有一个方法，就是让孩子在玩中学习。

陪伴孩子学习要讲究方法，你不能为了让孩子学习，强硬地逼迫孩子规规矩矩地坐在书桌前。这样做，不仅破坏了你与孩子之间的边界，还会让孩子越发排斥学习。你可以在孩子学习时，设计一些小游戏让孩子参与，或者利用一些益智玩具让他感受到知识带来的快乐。你让孩子在玩中学习，是因为玩游戏能充分调动孩子的兴趣，让简单、枯燥的知识变得有趣起来，让孩子更加容易接受并牢牢掌握知识。

当然，在玩中学习，重点是"学习"，而不是"玩"。所以你要做的，是控制好"玩"的程度，不要舍本逐末，这样才能真正地做到寓教于乐。

③ 让孩子自己思考，寻找答案

当渐渐地有了一定的知识积累后，孩子会越发地对周围的事物产生好奇心，进而提出更多问题。对于孩子的问题，你不必马上将答案告诉他，而是让他自己观察、思考与探索，让他自己去找到答案。

比如，孩子观察到一些有趣的物理现象时，你可以先让他独立思考产生这些现象的原理，再引导孩子从书中寻找答案。这样做也为自己和孩子之间建立边界感：父母和孩子"各司其职"。

孩子在自己寻求答案的过程中，会感受到求知的快乐；当孩子找到答案后，会获得成就感，从而更加自信。

④ 创造条件，让孩子做实验

世界上的很多知识，是通过一次次的实验得来的。所以，孩子若能做一些有趣的实验，通过实验去学习知识、认识世界，那么孩子会觉得知识更有魅力、更有吸引力。

你可以给孩子提供做实验的机会，比如买一台显微镜，让孩子做一个基础的生物实验，观察植物的细胞……在做实验的过程中，孩子可能会不断地发现、提出问题，这时，你可以让孩子看书或上网查找资料，引导孩子独立思考，激发孩子的求知欲。

⑤ 从孩子的兴趣、爱好入手，引导孩子求知

俗话说："兴趣是最好的老师。"孩子如果对某件事情感兴趣，就会自觉、主动、努力地去完成这件事情。因此，你在陪伴孩子学习时，不妨根据孩子的兴趣、爱好，让孩子自己排序，自己决定先完成哪些学习任务。另外，在日常生活之中，你可以根据孩子的爱好，有针对性地给孩子补充一些课外知识。比如，如果孩子喜欢美术，你可以让他拿起画笔自由创作；如果孩子喜欢

历史，你可以给他买一些他喜欢的历史类图书，或带他逛博物馆，或带他探访名胜古迹，让孩子体会历史的沧桑与变迁。

总之，你要做的是：从孩子的兴趣、爱好入手，发挥孩子的特长，帮助孩子在其喜欢的学科上开阔眼界，不断激发孩子的求知欲。当然，从孩子的爱好入手引导孩子求知，并不意味着让孩子放弃不喜欢的学科。你要让孩子明白，学科之间有着密不可分的联系。所以，请你协助孩子均衡地掌握各个学科的知识，这样反而更加有利于孩子兴趣、爱好的发展。

03

请告诉你的孩子：独立自主超级酷

"我儿子的情况，说得好听点儿呢，是我觉得我作为妈妈，是被他需要的；说得不好听点儿呢，他真是过于依赖我了，学习时一直在说'妈妈，这道题我不会做''妈妈，这个字我不会写'。我很心烦。他的成绩不算差，但是在家学习时，他只要遇到不会的题，想都不想就叫我帮他。现在是小学阶段，题目不算难，到了初中、高中后，他该怎么办？他这种情况，真让我着急……"

我想，这应该不是个例——

场景一

"我女儿真是没我不行，她太黏我了。每天晚上，她都要我陪在她身边，给她检查作业，还要陪她洗漱。我很疲惫，我自己还有很多事情要做，而且我也知道我不能一直陪着她。我该怎么做才能让我女儿独立呢？"

场景二

"我现在没办法做到放手让孩子自己完成学习任务，因为我看到他习题本上的叉号，心里就不舒服。我对孩子的学习层层把关，尽可能不让他犯错误，我会帮他找正确答案，让他对照修改。但我渐渐地发现，孩子作业的错误率越来越高。这该如何是好？"

场景三

"我其实已经意识到要让孩子独立自主了。在生活中，我会让他自己的事情自己做；在学习上，我也会让他去独自挑战那些难题。但是不知道为什么，我家孩子现在逐渐变得胆小、焦虑，害怕失败。是我的教育方法出现问题了吗？为什么孩子变得更加依赖我了呢？"

许多父母会遇到这样的问题：既想让孩子独立自主，又不想让孩子受挫，总是忍不住保护孩子，帮孩子做事，结果导致事与愿违，孩子变得越发依赖自己。

要解决这个问题，你先要了解一个独立自主的孩子应有的特性：一是能够独立思考，二是能够独立解决问题。孩子之所以做不到独立自主，往往是因为父母包办了一切。而父母这样做，是没有建立起和孩子之间的边界感，换句话说，就是父母越界了。

孩子总要长大，无论是学习还是生活，不可能一直依靠你，你以保护与帮助之名越界，最终的结果就是孩子没办法独立思考、独立做事。你的孩子要真正做到独立自主，需要你适当放手，合理引导。

1 告诉孩子，独立自主超级酷

要想让孩子成为一个独立自主的人，就要让孩子知道一个道理：独立自主是每一个人成长的必修课，学会独立自主，对他的学习、生活，乃至以后的家庭、事业都具有重要意义——只有学会独立自主，才能掌控自己的人生。

所以，当孩子有"难"时，你千万不要再想也不想地就伸出援手了。告诉孩子，独立自主非常酷，鼓励孩子独立完成自己的事。当孩子独立完成学习任务时，不要吝啬你的夸赞。若孩子过于依赖你，那么你要告诉他：每一个个体都有需要自己独立完成的事情，这些事情是不能让其他人帮忙的，比如，爸爸妈妈每天都要独立完成自己的工作等，这是每一个人都要面对并学会的事。

而你也要以身作则，让孩子看到你独立、坚强的一面，这样，孩子就能逐渐学会自己的事情自己做，能体会到独立自主的感觉多么好。

② 明白"最近发展区"，正确地引导孩子

当孩子初步形成独立自主的意识后，你就要正确地引导孩子独立学习、独立做力所能及的事。为了充分激发孩子的内驱力，你需要明白一个理论——"最近发展区"。这是心理学家维果茨基提出的一个教育理论。该理论认为，孩子的发展有两种水平：一种是孩子目前的水平，即他独立活动时能解决问题的水平；另一种是孩子可能发展的水平，即通过他人帮助，或通过被教授所获得的潜力。而"最近发展区"则是这两种水平之间的差异。"最近发展区"包含孩子的发展潜能以及发展趋势，它的运用原理是让孩子着眼于现有水平和潜在水平之间的差距，从而调动孩子的

积极性，推动孩子进步。

那么，了解了"最近发展区"之后，父母要怎么做呢？下面举例说明。例如，某选择题要求孩子从正方形、三角形、五边形和圆形中选出特征不同的图形。孩子选择了三角形，你可以圈出三角形的一个角，问他："你看看这是什么？"孩子回答："一个角。"之后，你可以接着问："看看其他图形有几个角？"孩子数了数，发现圆形没有角，于是便知道了四个图形之间的差异。从这个例子可以看出，父母一直将提问题控制在孩子的"最近发展区"内，即问题的难度处于孩子可以解决的水平，父母通过一步步的引导和建议，让孩子最终找到答案。

因此，相比一上来就告诉孩子圆形和其他几个多边形的差异是什么，利用孩子的"最近发展区"，一步步引导孩子认识图形差异，才是既不越界又能帮助孩子思考的方式。这样辅导孩子学习，才算是真正地引导孩子，让孩子逐渐知道该如何思考，并养成独立思考的习惯。

③ 让孩子独立解决问题

父母总放不开手让孩子独立解决问题，更多的原因在于父母从孩子年幼时就养成的事事帮孩子包办的习惯。孩子从小就过着"衣来伸手，饭来张口"的生活，又怎么能在学习时独立自主呢？对孩子而言，父母在生活中事事包办，也是一种严重侵犯孩子边界的表现。所以，父母们，请收手，让孩子自己的事自己做！

不过，你也不要太过极端，"教"孩子独立自主，不等于"逼"孩子独立自主。如果强迫孩子做他能力之外的事，会破坏孩子的安全感，孩子受挫后，可能会变得更加依赖你。

4 让孩子们在比拼之下成长、进步

对孩子来说，良性竞争能够促使其进步。你可以看到，孩子因竞争而获得的进步和成长是不一样的。比如跑步，孩子自己训练和与其他孩子进行比赛相比，所获得的成绩往往是后者更加优异。

竞争，往往能够将压力化为动力，充分发挥人的潜力。让孩子和同班同学相互竞争，能更好地促使孩子独立自主、高效地完成学习任务，这也是互帮互助的另一种体现。你需要注意的是，不要太多地干预孩子的竞争过程，或是尖锐地评价孩子竞争的结果。良性竞争有助于孩子充分发挥潜力，在比拼下快速地独立成长。

⑤ 不要随意批评，要允许孩子犯错误

许多孩子之所以迟迟无法独立自主，是因为他对独立自主这件事情没有信心。而信心缺失的原因，多是父母在孩子犯错误时，没有给孩子正向反馈。

在孩子独立完成学习任务后，你如果发现孩子的作业有错误，不要批评、数落孩子，特别是在孩子第一次独立自主地做这件事后。你这样做，会打击孩子的信心，让孩子害怕独立做事，害怕一个人面对困难。帮助孩子树立信心很重要。父母在孩子独立完成一项学习任务后，要先肯定孩子的学习态度，再慢慢地引导孩子改正错误。不要说这种话："你怎么连这么简单的事也做不好？""这么简单的题你怎么都做不对？"请你记住，要允许孩子犯错误。除非是严重的、原则性的错误，可以进行严厉的批评；对于孩子的一些小失误，请先给予孩子正向反馈。

⑥ 你也可以寻求孩子的帮助

要想让孩子变得独立自主，还有一个很实用的方法，那就是：向孩子寻求帮助。

请你换个角度思考：要想让孩子独立自主，自己是不是也

可以稍微地依赖他？这么做，会让孩子觉得自己受到了重视，自己非常重要，于是，他更加想独立做好当下的事情，更愿意变得独立自主。这个方法可以用在孩子对所学知识的实际应用中。比如，等孩子到了一定的年龄，让孩子独自去便利店买一些生活用品，让孩子理一理将要花费的钱，引导孩子思考如何购买才能省钱。可以和孩子这样说："我拿不定主意，你能给我一些建议吗？""你能帮我做……吗？"要让孩子明白他的独立自主是被需要的，这样，孩子才会认识到独立自主的价值。

04

以梦为马，让孩子拥有
目标和方向感

"有些孩子从小就有自己喜欢做的事情，或对长大后想要做的事有想法。可我的女儿似乎很懵懂、迷茫，而且她平时做事总是三分钟热度，常常坚持不了几天就不做了。她学习上也是这样的。我应她的要求给她在网上报了写作课，但是她才学了两节课就不学了。我问她：'你以前不是很喜欢写作吗？'她摇摇头说：'可是我现在觉得没意思了。'我女儿为什么经常这样呢？她心里难道就没有什么梦想吗？"

你是否也遇到过类似的情况——

场景一

　　"我家孩子现在和手机'长'在一起了，其他事情都被他抛到脑后了。他放学回家后就拿着我的手机拼命地看视频，作业也不写。我也想过办法引导他：'你那么爱看视频，有没有找到你感兴趣的内容学一学？'他说：'没有。'唉，哪怕看视频时看看有用的知识也好啊！比如历史、地理、生物或绘画……网上那么多有用的知识，他怎么就只爱看那些没有营养的呢？"

场景二

　　"我认为拥有一个清晰的目标有助于我的儿子更好地学习，所以我很重视帮我儿子树立目标，希望他能尽早拥有理想。我发现他很有数学天赋，就在网上找一些有趣的、有启发性的数学方面的视频和资料，和他一起看、一起学，希望他能取得更好的数学成绩。但是我发现，他越来越不爱学数学，甚至和我说他讨厌学数学。我问他：'那你喜欢什么？'他说：'我喜欢打篮球。'我觉得他这么有数学天赋，如果不培养的话太可惜了，便限制了他打篮球的时间。结果，他越来越不愿意和我讲话了……"

场景三

"我和我的孩子也谈论过类似的话题。我问他：'你的梦想是什么？''你长大之后想做什么工作？'他每次回答都很迅速：'我要当航天员！''我要到太空去旅行！'这让我很欣慰。可每到学习时，他就说：'去太空太辛苦了，要学那么多东西。我不想学了。'他的梦想维持的时间太短暂了！"

父母们会遇到这样的情况：孩子没有为之努力的目标，不知道自己的梦想是什么；或者孩子有梦想，但是不知道怎样为之奋斗；或者孩子有梦想，却因父母的想法而被迫放弃……请你不要着急，不要因这些问题而忧虑或做出一些越界的行为，从而打击孩子的信心。

梦想是人类进步的动力和源泉，但是，人并非生下来就有梦想。有些人可能一辈子都不知道自己想要什么，想做什么样的事，想过怎样的生活。所以，如果一个人从小就有梦想并能够为之不断努力，是一件美妙、幸运的事。如果孩子还处于迷茫中，没有目标，没有梦想，你可以试一试下面的方法，在尊重孩子且不让自己越界的情况下，正确地帮助孩子寻梦、追梦。

1 告诉孩子梦想的意义

让孩子了解梦想是什么，有什么意义，是很有必要的。梦想指的是自己未来想要达到的目标或实现的愿望。对孩子而言，梦想大多有些不切实际，大多出于他们对自我形象的理想化。比如，女孩子喜欢舞台上优雅的芭蕾舞演员，便梦想着自己以后成为一名舞蹈演员；男孩子因看了某部电影或观看了某个航空展，于是梦想着自己以后成为一名飞行员……父母可以告诉孩子这些职业的意义，鼓励孩子追梦，鼓励孩子尝试、探索。孩子会因追逐梦想而产生强大的内驱力，就算面对困难，也会主动克服。

但你要注意的是，不要先入为主地将世俗定义的成功的标准强行灌输给孩子。因为这也是一种破坏边界的行为。与外在的衡量标准相比，孩子对梦想、目标的内在觉察更为重要。

2 让孩子自己制定目标

其实，没有目标和方向，对还处于小学阶段的孩子来说，太正常了。很多成年人都不知道自己的梦想是什么，或者自己想要什么，更何况孩子。所以你无须焦虑。当然，不可否认的是，有一个明确的目标，并制订相应的计划，会使孩子的学习和生活更有热情和效率。所以，让孩子寻找目标、方向，还是十分有必要的。

你不如将寻找目标和理想、制订计划的权利交给孩子。有些父母会习惯性地帮孩子计划一切。但如果你的干预让孩子的梦想和目标脱离了他的兴趣、爱好，孩子在追梦路上的第一块绊脚石便是"我不喜欢"。只有孩子真正感兴趣的目标和方向，孩子才愿意为之努力、克服困难。记住，孩子的未来需要孩子自己去创造。

③ 带上孩子去旅行吧

如果孩子迟迟没有找到努力的目标和方向，你可以带着孩子一起踏上寻梦的道路。

现在很多孩子没有梦想，是因为所有的时间都在做一件事——学习。早上学、中午学、晚上学、周末学、假期学，孩子无时无刻不在学习。但孩子如果无法把学到的知识应用到生活中，就难以激发出自己的梦想。

大千世界远比书本上的内容更丰富、精彩，想要帮助孩子找到梦想和目标，可以多带孩子去旅行，开阔视野，见识世界。不要紧逼孩子在狭小的房间里学习，不要紧盯排名与成绩。带孩子走出去，让孩子放眼于更广阔的世界，这有助于孩子找到目标和梦想。

4 榜样的作用是强大的

要想让孩子拥有目标，找到努力的方向和梦想，你还可以借助榜样的力量，因为只靠父母问或孩子想，往往流于空谈，孩子需要有一个好的参照物——榜样。

榜样不是一个示范成功方式的例子，而是启发孩子进步、激励孩子前进的动力。古今中外，那些追逐梦想的人就是很好的榜样。你可以和孩子讲讲这些人的故事，并让孩子谈谈自己的感想。这样做，要比你每天焦虑地告诉孩子"你一定要有一个梦想"更切实际。

5 告诉孩子，追梦不能好高骛远

当得到你的认可和鼓励，孩子会更加看重自己的目标和梦想。这个时候你需要告诉孩子一个道理：实现梦想需要脚踏实地，不能好高骛远。

也许孩子的目标很大，那么你就要帮孩子拆解目标，把大目标拆解成几个小目标，能够让其在现实中切实可行。比如，如果孩子想当一名治病救人的医生，那你就要告诉孩子，成为一名优秀的医生需要具备怎样的条件。引导孩子将这些条件转化成他学习中的每一项任务，不断地去完成。当然，你还要告诉孩子，追梦是一个漫长的过程，梦想的实现不可能一蹴而就。所以你还要培养孩子的耐心，让孩子逐梦而行。

6 做孩子坚实的后盾

当拥有自己的梦想、目标后，孩子会开始为此而努力。但请你记住：不论孩子是放弃当前的梦想还是有更多的梦想要追寻，只要不违背基本原则，你都应该做孩子坚实的后盾，包容并接纳孩子，给孩子足够的安全感。这也是父母尊重孩子，建立起与孩子的边界感的表现。你要给予孩子更多力量，让孩子不断突破自我、超越自己，向着自己的梦想前进。

05

对"挫折教育"不要望文生义，孩子受挫时请正确疏导和鼓励

"我的女儿是一点儿挫折也受不了，遇到一点儿小问题就气馁。上次数学考试，她的数学成绩没有达到优秀，我让她以后计算时认真点儿，不要总是马马虎虎的，她却一直低着头，一声不吭。我跟她说：'没关系，打起精神来！'她说：'我觉得我再也考不好了，我什么都不会……'我看着她那副消沉的样子，心里特别难受。"

不是只有你遇到这样的问题——

场景一

"我挺注重孩子的挫折教育的，希望孩子不要盲目自信。我常告诉他，就算他现在成绩在班里是第一，也没什么可高兴的，他有可能会被其他人超越。毕竟，山外有山，人外有人。我的孩子很听我的话，从来不骄傲。但是从上个学期开始，他的成绩突然退步了，找不到什么特殊的原因，他变得郁郁寡欢，整天垂头丧气的。我在想，是不是我的挫折教育有问题……"

场景二

"我们以前哪儿有现在这么好的学习、生活条件呀！我觉得我的孩子之所以学习不上进，就是因为生活条件太好了。所以，我会时不时地敲打他，让他知道学习是需要刻苦的。而且，我从不在别人面前夸他，怕他骄傲。"

场景三

"我女儿在遇到难题时，容易失去信心。起初我以为这很正常，但是后来，我的女儿变得每天都很困倦，不愿意去学校，甚至饭也不想吃，我这才意识到问题的严重性。

我平时常给孩子'制造'一些挫折，希望她不要太骄傲，现在想来可能是错了……"

你可能也遇到过上述情况吧？你想用挫折教育让孩子越挫越勇，更加进步，可为什么事与愿违呢？这是因为你并没有明白挫折教育真正的意义。

挫折教育之所以受一些父母青睐，是因为社会上出现的一些事件，导致人们开始反思家庭、学校的教育方式。为什么有些孩子承受挫折的能力差，内心如此脆弱？很多人都在思考这个问题，于是提出要提升孩子的心理承受力，培养孩子坚强的性格，等等。而后，一些父母纷纷响应，加入对孩子实行挫折教育的行列。但很多父母其实并没有弄清楚挫折教育的本质，有些错误的做法将孩子往更加无法承受挫折的方向推去……

错误的挫折教育有可能是侵犯孩子边界的行为，更有可能事与愿违、得不偿失。请你走出挫折教育的误区，还给孩子一个自信的成长环境。

① 走出挫折教育的误区

很多父母认为，挫折教育就是要让孩子多经受挫折、承受苦难，这样孩子才能对困难产生抵抗力，能够直面甚至战胜困难。还有一些父母认为，挫折教育就是让孩子保持谦卑的态度，至少不能在成功或取得好成绩时得意，哪怕孩子可能变得有些自卑，也不能让孩子变得自大。因此，这类父母常常在行动以及言语上打压孩子，比如，当孩子成绩进步时，说一些扫兴而尖锐的话："你这个成绩算得了什么？和第一名差了那么远！""你想想，还有那么多比你优秀的人，你做得远远不够啊！"这样的话只会打击孩子，无法提高孩子承受挫折的能力。这样的教育其实与真正的挫折教育相去甚远，而孩子面对这样的教育，往往会变得越来越脆弱，越来越郁闷。

② 提升孩子的抗逆力

要想让孩子从容应对挫折，父母需要帮助孩子提高其抗逆力。抗逆力是一种心理免疫力，表现为人在生活中遇到一些挫折、困境，或是遭受创伤时，能够很好地面对、适应并恢复积极、乐观的心态。

在孩子成长的过程中，抗逆力发挥着重要作用。拥有强大抗逆力的孩子，更容易度过逆境，即便身处逆境，也能找到机会发挥个人优势。那么，父母应该怎样增强孩子的抗逆力呢？根据国际抗逆力研究计划（IRRP，International Resilience Research Project 的缩写）提出的建议，你可以从以下三个方面——"我有""我是""我能"给孩子以支持。

（1）"我有"——给孩子足够的安全感。"我有"指的是孩子可以在家庭、学校、社区等环境中获得安全感。在这个方面，父母可以做到以下三点：第一，给予孩子足够的情感关注，理解孩子，与孩子建立亲密关系。这其实是一种坚实的力量，能够支撑着孩子，给孩子直面挫折的勇气。第二，认可、欣赏孩子，对孩子有所期待。这能使孩子变得自信与坚定，你要做的是赞赏孩子的长处，给予孩子合理的期望，而不是不断地批评、指责孩子，打击孩子的自信心。孩子只有从内心深处觉得自己是一个优秀的人，才不会轻易地被挫折和困难打倒。第三，给孩子提供更多的活动机会，让孩子与他人多接触。你可以根据孩子的兴趣、爱好选择适合孩子的活动，帮助他培养正确的人生观、世界观、价值观。你需要注意的是，孩子兴致勃勃地做事时，你尽量不要扫孩子的兴，要宽容孩子的小错误，使孩子能获得参与感、成就感，并获得经验，从而减少孩子的挫败感。

（2）"我是"——让孩子成为自己的主人。"我是"指的是孩子从内心认可自己、肯定自己。自信、内心强大的孩子，自主性和自控力也十分强大，既能很好地接纳自己，也能关心、照顾别人。要想让孩子做到这一点，需要父母足够尊重孩子，用心呵护孩子的自尊心，培养孩子的自信心。不要总是责骂甚至嘲讽孩子，因为这不仅是一种破坏边界的行为，而且会破坏孩子的抗逆力，让孩子变得自卑、消极。

（3）"我能"——让孩子知道自己的能力。"我能"指的是孩子知道自己目前的做事能力，知道自己什么事能做、什么事不能做。随着孩子的成长，孩子会不断地学习、探索，认知不断变化，知道自己能做和不能做的事也有所变化。

对孩子而言，成长充满喜怒哀乐，孩子需要通过不停地做事，感受生命的力量。所以，你不要再事事帮孩子包办了。当孩子遇到困难，你第一时间就冲上去帮他做，这样的行为在你眼里是保护、帮助，但事实上对于孩子来说却是伤害。记住：你要做的不是替孩子解决问题，而是引导孩子自己解决问题。

3 与孩子一同面对失败

真正的挫折教育是，即使孩子失败了，也要让孩子知道，他还有朋友与家人，人生还有更多意义。

挫折教育里的"挫折"，并不是刻意制造挫折和痛苦，所以，你不要故意让孩子去体验痛苦，不要在孩子哭泣的时候嘲讽他："动不动就哭，一点儿也不坚强。"不要在孩子失败的时候数落他："你看你，考得这么差，以后还能干什么？"更不要在孩子开心的时候扫兴："考了第一名又怎样？"你要说："没关系，哭出来心里会舒服些。""考不好没关系，你已经进步很多了，继续努力就好。""太棒了！你获得了第一名，你真是我的骄傲！"

要记住：你是与孩子站在一条战线上的人，请和孩子一同面对困难，给予孩子正确的疏导与鼓励！

第三章

正确引导——教孩子做时间的主人

　　在养育孩子的过程中，父母总会遇到孩子做事没有计划、拖拉的情况。孩子不能按时完成学习任务，不能按时作息，甚至考试时不能把试卷答完……面对孩子的这类情况，父母即便催个不停，甚至骂个不停，孩子依旧慢慢吞吞、懒懒散散的。

　　一些父母很苦恼：为什么我家的孩子一点儿时间观念也没有？有什么好的方法能让孩子重视时间、提高效率吗？

　　当然有。不过，在实施具体方法之前，你要坚持一个理念：在教孩子感知时间、管理时间时，父母应该将时间的分配权利交还给孩子。你可以帮助孩子感知时间，引导孩子学会管理自己的时间，但千万不要越界，企图操控孩子的时间。请你以此为基础，引导孩子学会惜时。只有这样，孩子才能真正成为时间的主人！

01

时间太宝贵，
孩子不能忽视它的重要性

　　"我儿子好磨蹭啊！做事一点儿效率也没有。小学三年级而已，作业很少。我让他吃完晚饭后，晚上八点前写完作业，九点前洗完澡，九点半上床睡觉，可是他写作业非常磨蹭，经常写到九点之后，然后再磨磨蹭蹭地玩一会儿后才去洗澡，之后在床上又玩一会儿才睡觉。几乎每晚都得熬到十一点！然后第二天又因为睡眠不足起不来，他的眼圈都发黑了。有什么办法能让他懂得抓紧时间吗？"

　　你是不是也遇到过类似的情况——

场景一

"我孩子写作业前，花在准备工作上的时间很长。他找笔找十分钟，找草稿纸找二十分钟……时间就这样被他浪费了，他一点儿都没意识到。我问他：'一个小时前你就说开始写作业了，怎么到现在还不动笔？'他说：'我一直在做准备工作。'怎样才能让他认识到时间宝贵呢？"

场景二

"我儿子也对时间没有概念，上学经常迟到。我总是催促他：'你快点儿！''你再不吃完早饭我就先走了！'有几次他太磨蹭了，我直接不让他吃早饭就送他去学校了。他在学习上也是如此，需要我不断地催：'写完语文作业了没？一会儿该写数学作业了！''你怎么还没写完作业？'怎样才能帮助他好好管理时间呢？"

场景三

"我女儿写作业时，都不懂得要看时间。需要四十分钟写完一篇作文，她居然花一半时间写提纲……我问她：'你写提纲已经花了一半的时间，现在还没开始写。你能写完吗？'她反驳我：'不是还有二十分钟吗……'结果，在规定的时间内她根本写不完。为什么她一点儿时间观念也没有呢？"

时间，无疑是宝贵的。"一寸光阴一寸金，寸金难买寸光阴。"虽然孩子从小就会背这句话，但有些孩子并不能了解其中的内涵。对有些孩子来说，暂时没有形成较强的时间观念是正常的。但如果一直没有时间观念，不仅会影响孩子的学习，还会让孩子给人留下不负责任、不靠谱的印象，影响今后的工作、社交以及家庭生活等。有些父母想了很多办法去帮助孩子管理时间，但就是达不到想要的效果，弄得自己和孩子都很烦。你如果也是其中的一员，不妨试试下面的方法，在保持边界感的基础上，让孩子对时间有感知。

1 告诉孩子，时间很重要

如果孩子拖拉、磨蹭，大概率是因为他没有时间观念。这是因为孩子还没有形成像成人那样的对时间的感知力。所以，你需要用一些方法让孩子感知时间，并认识时间的重要性。比如，你可以告诉孩子十分钟可以做哪些事：在十分钟里，他可以用三分钟计算五十道口算题，用五分钟上一趟卫生间，用两分钟整理自己的书桌。所以，十分钟内他可以完成三件事，这三件事的意义在于：（1）提高数学水平；（2）解决"三急"；（3）保持书桌整洁干净。但是，十分钟里，他也可以只看着天发呆。告诉孩子，时间过了就消失，既买不来，也换不来。问问孩子他想做什么。如果他有想要完成的事，就告诉他，做这些事需要花时间，而每个人每一天拥有的时间都是一样的，想要做更多的事就需要珍惜时间、善用时间。

② 用闹钟定时，提醒孩子守时

你要知道，孩子的时间观念不是一日养成的。而且，即便是成年人都会有拖延的情况，何况孩子的自控力还不强，偶尔出现拖沓或者不守时的情况很正常。但如果你的孩子总是这样，你最好考虑在他做事时，用闹钟设定时间，提醒孩子守时。

为什么建议用闹钟提醒孩子而不是让父母去提醒？是因为有时父母的态度会影响孩子的状态，而闹钟的铃声只是客观地提醒，能让孩子意识到时间已经结束。用闹钟提醒，可让孩子自主做事，变得更加果断、冷静。

③ 将抽象的时间概念具体化，教孩子管理时间

要想让孩子养成时间观念，你还可以用孩子能理解的方式将抽象的时间概念具体化、可视化，教孩子如何管理时间。比如，你可以画一条数轴，标出当天要做的事的先后顺序及做每件事所用的时间，帮助孩子感知时间。又比如，利用某些数字工具让孩子了解时间被使用的情况。你可以在手机或平板电脑上下载时间管理应用程序，让孩子知道时间被花在了哪里，并让孩子进一步学习管理时间。在这个过程中，你要鼓励孩子进行自我监督，让孩子自己分析时间使用的情况，让孩子逐步学会管理自己的时间。

02

让孩子知道，能合理安排时间是一件了不起的事

"我这段时间有些焦虑，因为我发现我只能用'乱七八糟'来形容我儿子写作业时的情况——本来五分钟可以写完的练习题，他先咬着笔玩两分钟，而后写几个字，再拿起橡皮玩两分钟……我提醒他之后，他貌似认真地写一会儿，然后跑去厨房找吃的……半个小时过去了，他只写了两道小题。他似乎不知道在某个时间段里，应先做什么、后做什么，该做什么、不该做什么，这可怎么办？"

你可能会遇到类似的情况——

场景二

"我在孩子很小的时候就告诉他，时间很重要。我会做时间表，让他按照时间表做事。什么时候学习、睡觉、吃饭，我都安排得妥妥当当。但是现在，我的孩子并没有像我想的那样，能够在计划的时间内做完相应的事，甚至有时他还会故意不按照时间表做事。我知道他对我安排他的时间有抵触情绪，我也很想让他独立安排他自己的时间，但是我不放心啊！"

场景二

"我的儿子让我有些头疼。我忙了一天的工作，回到家后想休息、娱乐一下，会在手机上看看短视频。但他一看到我看短视频就要凑过来和我一起看。我告诉他，只能看十分钟，十分钟后一定要去做功课。可是他无理取闹：'我不管，我也要看！'我真不知道该说他什么好！"

场景三

"我女儿做事磨蹭，即使上学马上要迟到了，她也绝不会加快做事的速度。不管我怎么催，她依旧我行我素。老师向我反映，她在学校里做事也很慢：试卷最后一个交，上课铃响完了才慢悠悠地走进教室，小组做练习时，其他小组成员都要等她……我怎样才能让她做事有效率并守时呢？"

虽然有些父母已经花了很多时间去帮助孩子培养时间观念，但是孩子做事时总是做不到合理安排时间，做事效率不高。父母不必忧心，就像前文提到的，时间观念需要慢慢培养，守时、合理安排时间需要一定的经验积累。

在孩子小的时候，你可能会帮助孩子管理时间，但是随着孩子逐渐长大，你就要管住自己唠叨的嘴和着急的心，给孩子管理时间的机会，让他亲自去感受时间的流逝，让他感受管理时间的意义。你可以尝试以下几种方法，让孩子逐渐获得管理时间的能力。

1 教孩子守时

要想让孩子学会管理时间，就要先让他学会守时。不以规矩，不能成方圆。守时，对人的工作、学习、生活都有巨大的影响。守时也是一种美德。一个守时的孩子，也是一个责任感强的孩子。因此，要用科学的方法教会孩子守时，比如：给孩子讲一些关于守时的小故事，让孩子提前十分钟做准备，在孩子不守时时给他一些小惩罚……你要让孩子明白"过时不候"的道理，这样孩子才能学会守时。

② 帮孩子理清做事的时间顺序

有些孩子做事时没有条理，颠三倒四，比如：很晚了却不上床休息，还在兴奋地玩；到饭点不吃饭，而是看动画片；等等。孩子的生活和学习长期处于混乱的状态，做事情的效率肯定不高。遇到这样的问题，只提醒或者催促是解决不了问题的，你还得帮孩子理清做事的时间顺序。

让孩子记录一天当中每个时间段所做的事情，比如：早上七点钟起床，晚上六点钟吃晚饭，晚上七点钟开始做作业，晚上九点半上床睡觉……让孩子观察自己每一天所做的事情都有什么规律，有哪些需要调整，然后让孩子更合理地安排第二天要做的事情。当孩子的时间安排越来越合理，他就会越来越有成就感，做事会更高效。

③ 父母为孩子做好时间管理的榜样

要想让孩子能够更好地管理时间，你就要起到榜样的作用，至少在孩子面前，你要让孩子看见你的时间管理能力和你对时间的高效利用。你要尽可能避免在孩子面前做浪费时间的行为，比如，无所事事地躺在沙发上玩手机、打游戏等。如果你需要休息，你就明确地告诉孩子，并解释清楚为什么你现在需要休息，以及要休息多久。

只有你先做到合理规划时间，有效管理时间，孩子才能在学习与模仿你的过程中学会管理他自己的时间，提高做事效率。

03

培养对时间的感知力，
让孩子成为"时间分配大师"

"我女儿不管做什么事都慢悠悠的，别的孩子十分钟能完成的事，她可能要二十分钟才能完成。她写练习题的时候，我就在一边给她计时，甚至会报时：'还剩五分钟哦！'虽然她应该在这五分钟里写完练习题，但她依旧不紧不慢的，一点儿紧张感也没有。老师也向我反映过：'这孩子做事很谨慎，但做事太慢，比如，在规定时间内很难写完一张卷子。她这样发展下去，会影响以后的考试。'我该怎样帮她改善这种情况呢？"

其实，不是只有你遇到这种情况——

场景一

"我的孩子也不知道时间长短的区别。带她去公园滑滑梯，她玩了一个小时还不过瘾。我告诉她该回家了，她却说：'我才玩了一会儿！'哪里是一会儿啊，已经一个小时了！我耐心地说：'你可以再玩五分钟。'于是，等她滑了两次滑梯后，我就把她拽走了。但她生气地说：'你骗我，我才滑了两次，没到五分钟！'怎样能让她对时间的长短有感知呢？"

场景二

"我家孩子放学回家后，说要先玩一会儿机器人模型再做作业。到了该做作业的时候，他却不肯撒手。我对他说：'你已经玩了半小时。'他却说：'才不是呢，我才玩了几分钟！'写作业时，他刚写了十分钟就开始叫苦：'我已经写了很久，我要休息。'我真的太无奈了！"

场景三

"我女儿总觉得时间是很充足的，所以她做什么事情都很慢。我很想让她有紧张感，便催促她动作快一点儿，我告诉她时间不等人，可是她不听，还说：'你不要管我，我有我自己的计划。'我真是恼火极了！"

很多父母可能不知道，有些孩子做事速度慢是因为他们对时间的感知力不强。对时间的感知力是指人们对时间流逝的一种特殊感觉，一方面表现为人的生物节律，另一方面表现为人对时间的预估能力。

时间有主观时间，也有客观时间。主观时间是个人对时间的感觉，是个人感受到的时间流逝的速度。主观时间可能因每个人的心理状态、环境因素、生理条件等不同而有所不同。而客观时间通常用钟表或其他仪器来表示，不受个人感受的影响。有些孩子的主观时间会比客观时间慢，有的甚至没有时间流逝感，这就使得他们做事慢。你不必太担心，因为孩子对时间的感知力是可以培养的。

① 孩子真的不知道五分钟是多久

当你火急火燎地催孩子学习时，你有没有想过一件事？那就是：你的孩子可能真的不知道五分钟、十分钟到底是多久。预估一定时间内能做多少件事，或者做一件事需要多少时间，这对成年人来说很容易，但对孩子来说是有难度的。孩子做一件事所用的时间往往比预计的要长，或是想一步做一步。因此，你需要找到合适的、不侵犯孩子边界的方法，逐渐锻炼孩子的时间预估能力。

你可以让孩子用记录与统计时间的方式，培养孩子对时间的感知力。引导孩子记录一天的活动内容，并较为准确地记录每一项活动的耗时，然后与孩子一起分析，看看哪一项用时合理，哪一项需要改善，再让孩子自己分配第二天的时间。

② 分配时间的目的是节约时间

当你要求孩子对时间进行分配时，你首先要告诉孩子分配时间的目的。分配时间，是为了将有限的时间尽可能地利用起来，做到不浪费时间。因此，你在协助孩子完善计划表时，要告诉孩子，写在计划表中的项目，要尽可能在规定时间内做完；要提醒孩子将计划内的零碎的时间利用起来；对学习任务，要分轻重缓急，遵循先易后难的原则；每做一件事时，都要认认真真、集中注意力。

当然，孩子会不可避免地写出很多想做的事，比如较多的娱乐活动。对于这种情况，只要孩子能够在规定时间内完成应完成的任务，你就不必对孩子的娱乐活动指手画脚，只需适当给予提醒即可。

③ 和孩子对比时间的利用率

要想让孩子更好地把握时间，对时间进行精准分配，你还可以采用特殊的方式帮助孩子提高时间利用率。

你可以和他一起做同一件事情，比如，一起抄一首古诗，然后对比一下两个人所用时间的长短。让孩子想一想，为什么两个人做同样的一件事，但用的时间不一样。而后，再让孩子抄一遍同样的古诗，让孩子对比一下这一次所用时间和上一次所用时间的长短。通过横向及纵向的对比，让孩子体会到时间是怎么被使用的，并且懂得如何才能在有限的时间里更快地完成任务。

4 帮助孩子做计划表

要想让孩子更好地分配时间，让孩子学会做计划表很重要。在计划表中，应该有合理的学习时间、娱乐时间等。你可以给孩子提建议，以使他的计划表更加合理。当孩子制订好计划表，并经过你俩共同认可后，你就要认识到，时间该由孩子来管理了。你不要随便去调整、打乱他的计划，而是要支持、帮助他完成他的计划。支持和帮助并不是代劳的意思，你要保持边界感，干预要适度，这样，孩子就会慢慢成长为"时间分配大师"。

04

和孩子一起做好学习计划，
厌学心理就不存在

"唉，我家孩子几乎每天晚上写作业都要写到十点左右，他的计划表就是个摆设。我和老师沟通，问老师是不是作业布置得太多了，但老师说绝大部分学生都能在一小时内完成。我只能从孩子身上找原因了。他到底出了什么问题呢？"

我想，你可能也经历过这种情况——

场景一

"我家孩子很喜欢做计划表，计划表被贴在她的书桌前。计划表安排得很细致，每个科目以及兴趣、爱好都能顾及。我心想：她要是能遵守计划并坚持下去，今后各方面会有很大的进步。可是，她实际能完成的事情不超过计划的一半。当她发现自己当天又没时间看课外书时，她就开始难过……我该怎么帮她呢？"

场景二

"我孩子的情况是这样的：当他做好计划表后，我会让他严格执行。我认为，既然做了计划，就要执行呀，不然为什么要做计划呢？所以，我会认真监督，如果他没有按照计划完成某个任务，我就会质问他：'这可是你自己写的计划，你有什么理由不按时完成呢？'然而，我最近发现我孩子有些焦虑，不是抓头发就是啃手指，甚至有些不想学习了。我想：我也没逼他呀，他为什么焦虑呢？"

场景三

"我孩子也完不成他自己计划的学习任务。当初让他自己做计划，他很开心，感觉下一秒自己就能掌控世界了。但是时间久了，他觉得因为做了计划，所以很多突然想做的事情没办法做，他就开始破罐子破摔。他说：'还不如不做计划。'"

很多父母对孩子做学习计划这件事很上心，费心费力地帮孩子做计划，但孩子执行起来总会有各种问题：完不成时感到难过、焦虑；觉得计划表是负担，限制了自己的活动；认为父母的监督令人窒息，甚至可能出现厌学心理……

明明做计划是为了更好地帮助孩子学习和生活，怎么有时候却事与愿违呢？这主要是因为孩子的计划表不科学，父母的监督不合理。计划表做得不科学，孩子就容易受挫；父母的监督不合理，孩子就会感到焦虑、厌烦。慢慢地，孩子就可能丧失学习的热情，甚至可能产生厌学心理。道理很好懂，但是具体要怎么做，才能让计划表变得科学？要怎样监督，才不侵犯孩子的边界，不给孩子传递焦虑情绪呢？

1 帮助孩子区分"想做的事"与"该做的事"

在做计划时，如果孩子分不清"想做的事"和"该做的事"，那么他的计划很容易变得混乱。想做的事，是人内心的渴望，属于欲望的范畴；该做的事，体现的是人的责任感，需要通过自律来实现。你可以向孩子举例说明：学习和娱乐，前者属于"该做的事"，后者属于"想做的事"。你可以先帮助孩子分配做这两类事情的时间，告诉孩子"该做的事"的重要性。不过，切勿过分限制孩子"想做的事"，让孩子有愉悦的学习心情比什么都重要。

2 鼓励孩子根据实际情况调整计划

有些父母认为，既然制订了计划，就要严格地执行，一项都不能落下。这太极端了。计划是需要认真完成，但也可以根据实际情况调整，可以变通。"计划赶不上变化"，这句话是有一定道理的。

告诉孩子，他自己做出的计划要尽力完成，但也可以根据实际情况进行调整。比如，周末应上的钢琴课，老师临时有事上不了了，那么空出来的时间可以安排其他事情，比如阅读课外书等，也可以换成计划中的晚上要做的学科练习。在这个过程中，请把安排、调配的权利交给孩子。

③ 做计划要现实，注意劳逸结合

很多孩子刚开始做计划时，会"用力过猛"，把各种任务安排得满满当当，然后自信满满地去执行。你在欣慰的同时，也要看到其中存在的问题，那就是不现实。如果孩子每次做计划都不切实际，那么完成率也会很低，这样一来，会影响孩子的自信心以及对学习的兴趣。

成就感是一种前进的动力，每完成一项任务带来的成就感会让孩子觉得充实、快乐。因此，在孩子自主做好计划之后，你要进行适度调整。不要全盘否定孩子的计划，而是要用提建议的方式告诉孩子计划中存在的问题。要尊重孩子的边界，让孩子劳逸结合，既能有所收获，也能充分休息，有条不紊地实施计划。

④ 降低预期，不要操之过急

有些父母之所以对孩子的计划指指点点，是因为对孩子的预期过高。父母要明白：孩子不像成年人，对时间的把控力没那么强，所以，做出来的计划有不妥当的地方很正常，父母不要立刻去纠正。正确做法是，降低你的预期，先让孩子去做，让孩子

"摸着石头过河"，给孩子试错和纠错的机会。

时间管理是一种能力，不可能在一朝一夕之间习得。而进步是螺旋式的，你要给孩子足够的时间和空间。

⑤ 从参与计划到撤出计划

当孩子基本可以合理安排自己的时间后，你就要放手了。如果说参与孩子计划的制订，是为了让孩子学会更好地支配时间，那么，从孩子制订计划这件事中退出，是为了孩子能更好地成长。不要用你觉得"为他好"的言行去束缚孩子的成长，因为对任何事情的掌控能力都需要经过探索和实践才能习得。你帮孩子做计划也是为了他能独立管理时间，进而掌控自己的人生。所以只有你该撤就撤，孩子才能真正变成时间的主人！

05

别越界，要训练孩子自己管理时间

"我儿子放学回家后，书包一扔，不管三七二十一，先玩。你提醒他先写作业再玩，他说：'妈妈，我都学习一天了，可累了，我先放松一下。'我一听，也对，就不再多说了。但是，吃过晚饭后，他依然没打开书包，我只能强行让他行动，结果他又有理由了：'妈妈，我好困啊，我想睡觉。'最后，你猜怎么着？第二天早晨，出门前一分钟还在疯狂地写作业！我快崩溃了！"

很多父母都有过类似的经历——

场景一

"我女儿放学回家后倒是经常直接坐在书桌前，把书和作业本都拿出来，要大干一场的样子。我不敢打扰她，在厨房做饭或与孩子爸爸聊天都很小声。结果，常常是一小时后，我去看她完成作业的情况，发现她只做了一些非常简单的作业，而一些重要的作业却还没开始！要怎样让她知道任务的优先级呢？"

场景二

"孩子的班主任向我反映，我的孩子不会合理利用时间，常常连课堂练习都没法完成。我问他：'今天的课堂练习写得怎么样？'他难过地说：'我两份都没写完。'我又问他：'怎么没写完呢？那其他同学写完了吗？'他撇撇嘴，说：'他们很快就写完了，就像会分身术一样。我两份练习都想写，可时间就是不够用。妈妈，我是不是太笨了？'看着孩子这样，我也很难过。"

场景三

"一些父母以为孩子写作业慢是因为作业太多，其实未必。我家女儿一到周末就睡到日上三竿才起床。然后左转转，右转转，要催她好几遍她才会不情愿地坐到书桌前写作业。然而，四十分钟就能写完的作业，她花了一下午才写了不到一半。每个周末的作业她都要拖到很晚才写完，哪怕作业再少、再简单都是如此。写作业拖拖拉拉，玩也玩得不尽兴。我告诉孩子'做完作业再玩才会玩得更尽兴、更开心'，但她根本听不进去。"

以上几个场景，相信很多父母都经历过，许多父母甚至认为这是当父母一定会经历的糟心过程。其实，父母按照以下几个方法去做，既不侵犯孩子的边界，又能教会孩子管理时间，告别拖拉、磨蹭。

① 训练孩子的做事效率

孩子对不愿意做的事，常出现拖拉的情况。你不能随意给孩子扣上"拖延症"的帽子。你要认识到，有时，孩子是因为怕自己做不好、害怕困难才会拖拖拉拉不去做。所以，培养孩子的信心很重要。你得找到孩子比较薄弱、比较害怕的方面，有针对性地解决问题。比如，有些孩子害怕做算术题，总拖着不做，这多半是因为平时练得少，对做题速度没把握，且常出错，所以不敢面对。对于这种情况，可以让孩子每天做一定数量的计算题，且一定要计时。由容易到难，渐进式地加快做题速度。并且，你要留给孩子一点儿时间和空间，保持耐心。

② 训练孩子挑战自己

培养孩子的挑战精神，让孩子把学习当成游戏中的"升级打怪"，享受挑战成功的成就感。学习，说到底是孩子自己的事情，父母过多地介入和干涉反而会让孩子觉得学习不是他的任务，导致孩子依赖性强。以计算题练习为例，如果你适当放手，孩子就能获得对学习任务的掌控感。比如，孩子做计算题，开始时，三十道题可能需要十五分钟做完。过了几天，孩子十分钟就能做完三十道难易程度差不多的口算题，节省出来的五分钟可以让孩子自由安排。这样，孩子就能找到做事的节奏，并提高做事的效率和信心，同时也能感受到自己对时间的掌控力。

③ 帮孩子学会拆解任务和排序

你可以帮助孩子学会按科目分解任务，先把主科的任务完成，再完成其他科目的任务。

教孩子拆解任务时，你也需要放权给孩子，要让孩子知道，这些任务是可以由他调整和控制的，每个小任务都在孩子的可控范围内，从而让孩子对完成整体任务有信心。每个小任务之间，要安排休息时间，让孩子的眼睛得以休息，且劳逸结合。

帮孩子学会按照"四象限法"管理时间和任务，把任务分为四种：重要且紧急的、重要但不紧急的、紧急但不重要的、不紧急也不重要的。你可以先让孩子按照他自己的意愿对任务进行分类、排序。孩子和大人不一样，通常来说，孩子会把有意思且不重要的、耗费精力最少的任务排在首位，把有难度的、重要且消耗精力多的任务放在最后。这时，就需要你引导孩子对任务进行更合理的排序。你可以了解孩子这样排序的理由，尊重孩子的某些想法，因为这也是孩子逐渐学会对事件进行客观分析的过程。

完成学习任务的过程，就是查漏补缺、巩固知识的过程。孩子大多有自己喜欢和不喜欢、"长板"和"短板"的学科。如果孩子对不喜欢的学科有畏惧心理或不愿做该学科的任务，你就要和孩子好好分析他在学科方面的优势和劣势，用提建议的方式告诉孩子"补短板"的重要性，让孩子每天花少量时间巩固优势，多花点儿时间补足劣势。久而久之，"短板"补齐了，孩子会更加自信，学习更有积极性。

④ 教孩子学会对自己的时间管理成果进行复盘

要常总结，勤思考。可以每个周末抽出半小时，和孩子一起总结他本周的时间管理情况，重点看孩子的任务完成程度、实现的效果。复盘，主要是为了让孩子树立信心，看到自己的时间管理所获得的成果，从而更愿意去主动管理时间。这样做，孩子能进一步认识到"学习是自己的事情""自己需要对自己的时间和任务负责"。

但你要始终注意，你与孩子之间存在着一条看不见的线，你在言行方面要把握好尺度，不要给孩子带来不必要的压力。

第四章

合理培养——
培养孩子的好
习惯，帮孩子
搭建学习高塔

孩子的成长之路不都是鲜花盛放的，也有危机与诱惑。

拖延、玩手机成瘾、注意力缺失……孩子出现的一些问题令父母苦恼。为了帮孩子改掉这些毛病，有些父母费尽心思，可是，有时一句提醒却有可能变成"骂战"。

还有些父母抱怨孩子成绩不好，说自己在孩子的学习上花了很多精力，但收效甚微。其实，孩子成绩不好，很大一部分原因是没有养成好的学习习惯。良好的学习习惯可以提高学习效率，收获良好的学习成果，从而激发孩子学习的主动性、积极性。

父母要用科学的方法以及尊重孩子的态度帮孩子把学习习惯培养好，才能培养出优秀的孩子。

01

今日事，今日毕！
撕掉孩子的"拖延症"标签

　　"我儿子做事有拖延的毛病，每个寒暑假，他非得拖到开学前的那几天才开始写各科的假期作业。我说他这样的习惯很不好，让他改，他和我说他就想先玩，玩够了再写，还对我发誓，他玩够了一定写作业。可是他这样安排时间，根本写不完作业啊！最后，每次开学前都弄得人仰马翻！"

　　你是否也经历过这样的场景——

场景一

"我女儿有个毛病——她每次要做一项学习任务，非得等到整点才去做。比如，晚上写数学作业，明明可以立刻就开始，但因为现在是七点四十，她就不做，而是一定要等到八点整才开始。而她等待整点到来前，就有理由去做别的事。我怎么不见她玩游戏也等整点再玩呢？真不明白她这是什么心理！"

场景二

"我女儿做她该做的事前也总找各种理由拖延：'妈妈，我的笔坏了。''妈妈，我没吃饱，没力气写。''妈妈……'那些理由我不知听了多少遍，我认为全是借口，她只是不想做这件事而已。于是我就会很生气地说：'你别找借口，说什么你也得把这件事完成！'看我态度不好，她就开始哭，更不做了……我真的好烦！"

场景三

　　"我实在受不了我儿子的坏习惯了，他总爱把事情拖到最后一刻去做，在这之前，明明有大把的时间！我问他：'你为什么要拖到现在才开始做啊？'他说：'我本来要做的，但看到时间还有很多就不着急了。'我真是太恼火了：他为什么非要等到来不及时才做这些必须做的事呢？我气也气了，骂也骂了，他拖延的毛病却越来越严重了……"

　　很多孩子做事时，明明知道某件事情是必须做的，却一拖再拖。那么，如果孩子常有做事拖延的情况，你该怎么办呢？

　　首先，你不要将"拖延症"的标签贴在孩子身上，因为孩子拖延的重要原因在于父母——在日常生活中，很多父母没有给孩子立下明确的规矩，孩子默认自己的一些拖延行为是被允许的。试想：如果你从一开始就对孩子的拖延行为零容忍，他会养成这个坏习惯吗？

　　其次，孩子有拖延现象，你该建立清晰的边界——让他自我负责、自我管理、承担后果。而纵容，则是对这个边界最大的破坏。

　　对于已经有拖延习惯的孩子来说，你的催促起不到任何作用，只有采取切实有效的方法，才有可能让孩子有所改变。

1 认识孩子拖延的本质——逃避

前面提到，孩子有做事拖延的习惯，关键在于父母一开始的纵容，这是孩子拖延的一个促成因素。

那么，孩子做事拖延的本质是什么呢？是逃避。而孩子在逃避什么呢？逃避做不好事情时产生的失败感，逃避对未知任务的恐惧，逃避自己不喜欢的事情……

拖延，往往不是时间管理问题，而是情绪管理问题，是情绪"内耗"问题。对事情的担心、恐惧，或内心的抗拒，使孩子拖延，从而使孩子焦虑，产生心理压力，因此进一步拖延，造成恶性循环。所以，请你认清孩子拖延的本质，分析孩子的心理，疏导孩子的情绪，帮孩子与拖延对抗。

2 无论如何，先让你的孩子开始做

认识到拖延的本质后，你就要去分析孩子拖延的原因，帮助孩子改变拖延的习惯。重点就是：无论如何，要让孩子开始做！

如果孩子找理由不做，借口很多，那么你需要先转移他的注意力。比如，直接和他探讨他要做的事，让他的大脑自然地跟着你转起来。不要再说"写不完就不要吃饭""写不完不能玩游戏"

这类话。孩子找理由不做、拖延，可能是因为有追求完美的倾向，你之前的那些无关痛痒的话，对改变孩子的拖延状况起不到任何作用。改变孩子做事拖延的毛病，说到底，就是要让孩子行动起来，这样就成功了一半。

③ 让孩子做保证

前文说过，孩子做事拖延的一大原因，是父母最初的不干预。其实，不管是在孩子的拖延习惯形成前还是形成后，你都可以用一个方法帮助孩子改掉拖延的习惯，那就是让孩子做保证。在孩子还小的时候，你就应该重视这个方法。比如，让孩子保证，三十分钟内吃完饭，二十分钟内洗完澡。孩子稍微长大后，你在培养他的学习习惯时，也可以让孩子保证在一小时内写完一张卷子，或是用三十分钟写一篇小作文。而对于孩子的做事结果，你要确定边界，善用奖惩方法，驱动孩子自发地完成每一项任务。

这其实就是为孩子立规矩，也是树立孩子的承诺意识。

④ 让孩子学会自我奖励

还有一个很好的方法，可以帮助孩子改变做事拖延的习惯，那就是：让孩子学会自我奖励。

让孩子对自己的学习任务或其他任务进行分解，把每一项任务细化为几个小任务，在孩子完成小任务后，让孩子进行自我奖励，并自己决定奖励的内容。通过"做任务—完成目标—奖励—做任务—完成目标—奖励"这样的良性循环，孩子能不断地获得成就感和愉悦感。但要注意，是让孩子自己奖励自己，自己决定奖励内容，而不是你去奖励他。因为只有让孩子形成自我管理的机制，才能让他真正改掉拖延的习惯。

⑤ 巧用团体监督

其实，当发现孩子做事拖延时，父母不必密切地监督孩子，因为你的监督可能会让孩子很反感，会加重他的拖延情况。

你可以利用团体监督这种方式，让孩子获得一种行动上的推力。比如，暑假时，让孩子和同班的几位同学组成一个学习小组，大家每天按时进行"任务打卡"，互相监督。这样，既让你保持了边界感，孩子也不反感，比你监督孩子的效果更好。

02

帮助孩子摆脱手机的"绑架"，这样做让孩子专注于学习

　　"唉，我儿子不知道从什么时候开始变成了十足的手机迷！我和他爸爸不给他手机，但因为家里有老人，他一有机会就把老人的手机拿走。玩起来别说学习了，饭都不吃。你要是和他抢手机，他就撒泼打滚，我现在一点儿办法都没有！"

　　你有没有遇到过这样的情况——

场景一

"我女儿已经上高年级了，她放学后自己回家。为了方便和她联系，我给她买了手机，可没想到她开始用手机后，就对玩手机上瘾了——最近迷上了看短视频，回到家后就躺在沙发上玩手机。什么功课、兴趣爱好，通通抛到一边了，还渐渐变得沉默寡言，只有在玩手机时才会笑……我女儿为什么会对手机上瘾呢？"

场景二

"我女儿喜欢在手机上和朋友聊天。刚过去的这个暑假，她每天对着手机聊天，就连外出时也总是低着头，手指不停地在手机上敲啊敲……我俩遇见熟人，我想让她打个招呼，她头都不抬！我很尴尬，生气地训斥她：'成天在手机上聊来聊去的！一点儿礼貌都不懂！'我女儿却毫不在意地回了一句：'在手机上聊天比和你们说话好玩多了。'现在，她和我以及身边的其他人交流得越来越少，这可怎么办啊？"

场景三

"我很郁闷，我孩子也是玩手机上瘾。我说他：'别玩了，有什么好玩的，赶紧学习！'他就顶嘴：'不好玩你天天拿着手机玩那么久！''凭什么你有手机而我没有手机！''你好烦，我就不写！'我火气一下子就上来了，告诉他：'我拿手机是为了工作！你个小孩子拿手机干吗？'最后，我只能动手抢手机，随之而来的基本是一场'大战'……"

现在，人们的生活基本离不开手机。孩子玩手机成瘾已成为许多父母的一大难题。很多父母说："就算你不给孩子手机，孩子也会从别的地方拿到手机……"你是不是也思考过：为什么孩子沉迷于看视频、玩游戏，就是不学习？为什么你已经软硬兼施，孩子还是难以放下手机呢？

其实，孩子为什么会沉迷于手机，很好解释。手机的吸引力，不用说大家也清楚，哪怕是成年人也常常抵抗不了手机的诱惑。那么，有什么方法能够帮助孩子摆脱手机的"绑架"，使孩子将注意力转移到学习上，又不侵犯孩子的边界，让孩子养成自主学习的好习惯呢？

1 告诉孩子可以玩，但是要"约法三章"

手机是一个功能强大的工具。有些孩子玩手机上瘾，是因为他并没有把手机当作对自己有益的工具看待，而是仅仅把手机当作娱乐工具使用。

孩子的主要任务是学习，而手机的强大功能是可以帮助孩子学习的，当然，这只是理想状态。如果你确实难以杜绝孩子玩手机，那么你就要和孩子"约法三章"——告诉孩子，他可以玩手机，但是必须守规矩，比如什么时间能玩、一次玩多长时间、一周能玩几次，都要规定好，并且全家人一起监督、一起执行。只要能坚持下来，孩子会逐渐克服玩手机上瘾的行为。

2 用"游戏"打败"游戏"

你有没有想过：孩子为什么会沉迷于手机游戏，却对学习没有兴趣和激情？要想知道答案，你得先了解手机游戏的特点。游戏之所以吸引人，主要是因为有这几个特点：反馈及时、奖励丰富、使人获得成就感。知道了游戏的原理，对于孩子的学习，你也可以利用类似的原理，建立学习的"游戏系统"，用"游戏"打败"游戏"。

（1）细化目标，让孩子在学习中不断"升级"。游戏里的任务设置得很丰富，比如，每日任务、随机任务、主线任务、支线任务等。而你为孩子设置学习任务时，也可以借鉴游戏中的一些任务，细化孩子的学习目标，比如，将学习任务分等级，孩子每完成一项任务，你就及时进行反馈，或予以奖励，让孩子体验到"学习通关"的快乐。

（2）看到孩子的进步之处，及时鼓励、奖励。很少有游戏会在玩家做任务失败时对玩家进行惩罚。在孩子的学习方面，你也要注意，尽量不要惩罚。惩罚会极大地降低孩子的学习动力。学不好并不是一件错事，为什么要惩罚呢？请给孩子以正确的引导，看到孩子进步时，给孩子以真诚的表扬、赞赏，甚至是孩子希望的奖励，让孩子的学习形成良性循环。

③ 开卷有益，丰富孩子的精神生活

有些孩子玩手机成瘾，是因为他没有别的兴趣、爱好。精神世界匮乏是孩子对手机上瘾的原因之一。要想孩子拥有丰富的精神世界，就让孩子阅读吧。一些父母可能会想：孩子怎么肯读书呢？

要解决这个问题，你可以这么做。首先，让孩子自己选择喜

欢的书籍，即便是热血漫画、推理故事……只要是正规出版物都可以。请你相信，这些书籍里的内容远比手机游戏更吸引人。开卷有益，当你的孩子翻开书的那一刻，他就离手机远了一步，离学习近了一步。其次，在之后的日子里，你再逐渐引导孩子，让孩子挑选更有利于他学习的书籍进行阅读或分享。时间久了，不用你骂，不用你催，孩子自己就会扎进书堆里。

④ 以身作则，减少自己玩手机的时间

在抱怨孩子总是玩手机前，父母要反思一下自己的行为。你自己做到不玩手机了吗？在陪孩子学习时，你放下手机了吗？仔细想来，我们自己也很难做到。所以，要想教育孩子，要想对孩子负责，要想让孩子自觉地学习，你先放下手机吧。陪孩子做更多有意义的事情：阅读、运动、做家务、去野外……当你能放下手机时，孩子也会渐渐放下手机，去体验现实生活中的种种快乐。

03

走神儿、开小差、发呆？
孩子的注意力要这样拉回来！

"最近，我在陪孩子学习时，发现他总是在发呆。一次，我教他怎么解一道算术题，一边讲还一边问他听懂了没。他点头回应我，但是让他再做一遍时，他根本不会。我很生气：'你既然没听懂，那你刚才点头是什么意思?!'他不说话。我拿他一点儿办法也没有！"

也许，你不是一个人——

场景一

"我儿子的老师和我反映，我儿子爱在课堂上开小差。别的孩子在认真听课，而我儿子拿着笔在草稿纸或课本上画画。他课本上的画一幅比一幅'精彩'。我问他：'你上课为什么画画，不认真听讲？'他说：'上课太无聊了，还是画画有意思！'"

场景二

"我女儿不管是在学校里还是在家里学习，都无精打采的。她在家里写作业，写着写着就打瞌睡，字也写得歪歪扭扭的。有一次，我看到她趴在桌上睡觉，就过去提醒她：'你怎么睡着了？再不写，作业就完不成了！'我感觉她已经进入了恶性循环，越是睡得晚，第二天做事就越慢；做事越慢，就越是睡得晚、睡不够……有什么好办法能让我女儿改变现状吗？"

场景三

"我女儿写作业的速度也很慢，特别是写语文阅读题。一道阅读题，她读十分钟都读不完。为了提高她的效率，我对她说：'你要是看不明白，可以读出声。'然后，她开始朗读文章。可是，她读着读着就走神儿了！我问她：'你在想什么呢？'她说：'我刚刚在想……'她常常沉浸在自己的世界里，注意力难以集中！"

有些孩子上小学后，暴露出注意力不集中的问题，走神儿、开小差、发呆……孩子为什么会有注意力不集中的问题呢？其实，孩子注意力不容易集中，往往是因为之前注意力常被破坏。

你是不是有过这样的行为：在孩子专注地玩游戏或玩玩具时，常常打断孩子？在孩子做一件事时，你因为着急就上手帮忙？你在认为孩子调皮捣蛋时，乱发脾气？你的打扰、焦虑和打击都会破坏孩子的注意力，让孩子没办法专注地做事。而这些行为也是你侵犯了孩子的边界的表现。注意力集中是一种习惯，需要用心培养。如果孩子的注意力总是难以集中，你需要用科学的方法逐渐帮助孩子改善。

① 说教与威胁对培养孩子的注意力没用

在培养孩子的注意力时，你要认识到：说教与威胁是没有用的，只会给孩子造成负面影响。当孩子烦躁、焦虑时，他怎么能有好情绪，怎么能集中注意力呢？所以，你首先要做的是接纳。走神儿、开小差这些毛病，有些父母也有，所以请你先接纳孩子存在的问题，再用合适的方法解决。

② 孩子注意力不集中，父母要对症下药

孩子注意力不集中的原因较多，你在解决问题时，先要找到让孩子注意力难以集中的真正原因，然后对症下药、有的放矢地帮助孩子。孩子注意力不集中的常见原因有下面几种。

（1）对学习的内容没兴趣。孩子走神儿、开小差，可能是因为对学习的内容不感兴趣。如果是这个原因，孩子走神儿的现象既可能出现在在家做作业的时候，也可能出现在在学校上课时。你可以跟孩子谈一谈，听听孩子真实的想法。如果确实是这样，告诉孩子："如果你不喜欢这门科目，我不要求你考得多好，只要你上课认真听讲，课后认真完成作业就可以。"你要先让孩子

卸下心中的包袱，再想办法逐步引导孩子去学习这门科目，慢慢培养孩子对这门科目的兴趣。

（2）睡眠不足。孩子如果睡眠不足，便难以集中精神学习。良好的作息习惯有利于孩子在学习时保持专注。有些父母会认为孩子当天的作业必须完成，不管是什么情况，都让孩子熬夜写作业。这样做容易使孩子疲惫，第二天学习时孩子更觉得吃力。正确的做法是先保证孩子的睡眠，再谈学习。请你不要着急，孩子只有休息好了，才有精力专注于学习，学习效率才能高。

（3）孩子喜欢沉浸在自己的世界里。有些孩子喜欢沉浸在自己的世界里，只想着自己感兴趣的事，因此学习时注意力不集中。你可以多和孩子聊一聊，问问孩子在想些什么。你需要多花时间和孩子沟通，为他提供多样化的选择，让他在规划好自己的学习时间的同时，也能发展自己的兴趣及爱好。你只有真正了解孩子，进入孩子的内心世界，帮助孩子合理地对待学习与兴趣、爱好，孩子才会更加安心、专注地学习。

③ 孩子认真做一件事时，父母不要干扰孩子

有些父母在孩子玩耍时喜欢打断孩子，这是一种没有边界感的表现。有些父母会觉得这无关紧要，并认为："孩子只是在玩

游戏，没必要那么认真，即便打扰了孩子也没关系。"但是，当孩子专注地玩耍时，你的干扰会让孩子感到烦躁，甚至兴致全无。如果你根本意识不到这一点，毫无边界感，在孩子玩耍或学习时总爱打扰孩子，那么，时间一久，孩子有可能无法专注地完成一件事，甚至孩子的性格也会受到影响。因此，在孩子认真做事时，你尽量不要打扰他。如果有打断孩子的必要，你可以尝试先参与孩子的活动，再和孩子一起结束这项活动。

④ 告诉孩子，一次只做一件事

集中注意力的关键在于，在一段时间内只专注于做一件事，即一心一意。有些孩子不能集中注意力，是因为他们想要做的事太多了，这也与一些父母急躁的性格有关系。你不要给孩子太多压力，可以让孩子写作业时，按照他自己的节奏一项一项、一科一科地完成，比如，让孩子安静地写完语文作业，不要频繁地提醒孩子还有数学作业、英语作业等着他去做。如果孩子突然想放下手头做了一半的事而去完成另一件事，请你阻止孩子这么做，告诉孩子，要一件一件地去完成。一次只做一件事，做到一心一意，慢慢地，孩子走神儿、开小差的问题会有所改善。

04

孩子不爱动脑思考，产生习惯性依赖的主要原因在你

"我每天都会陪我儿子写作业、陪他预习，我认为这样做能使他第二天上课时效率更高，但结果并非像我所期待的那样。孩子的老师向我反映，孩子上课时根本不听讲。老师问他：'你为什么不认真听讲？都学会了吗？'你猜他怎么说？他说：'我妈妈都已经教过我啦，我不用再学了！'我哭笑不得。而且，他现在每天晚上都要我陪着他，他才写作业，我之前的做法反而使他养成了依赖我的习惯。"

你可能也遇到过类似的情况——

场景一

"我孩子过于依赖我了。写作业时，不管是难题还是简单的题，他都要问我答案。有一次，我没有直接告诉他答案，而是问他：'你的答案是什么？'他回答的是正确答案。我很不解：'你自己知道答案为什么还问我？'他说：'我不确定我的答案对不对呀。'我很难想象他考试时是怎么做的……"

场景二

"每天晚上，我都陪我女儿写作业。她写完之后，不会自己检查，要我帮她检查。我说改哪里，她就改哪里，她根本不知道也不想知道之前自己的答案为什么是错的。她怎么就不愿意动脑筋呢？到底是她在学习还是我在学习呀！"

"我每天晚上都要陪我女儿写作业。她只要遇到问题就找我，而我认为我必须帮她解决。但常常是我为她讲解，而她在玩。渐渐地，我发现，虽然她的家庭作业在我的辅导下能顺利完成，但是她考试时没几道题能做对。一次，我问她："这道选择题你为什么这么选？"她说："我是乱选的……""

有些父母有这样的习惯：包办孩子的一切事务。前文也提到了这样做的不良后果，这里再次强调：父母过度地为孩子做事，会让孩子产生习惯性依赖。孩子产生习惯性依赖的一个重要表现，就是不爱独立思考。你可以想一想：当有一个"超级大脑"在孩子身边时，孩子还愿意自己思考吗？孩子如果在学习中做不到独立思考，慢慢地就会对学习失去兴趣，产生厌学心理。所以，你不要再包办了！你不能永远替孩子做事，培养孩子独立自主的能力，才是真正地帮助孩子！

① 你不要总是替孩子做

你事事都替孩子做，并不是在帮孩子，而是在害孩子。因为你长时间地扶持孩子，会让孩子对你产生依赖。时间长了，你一旦放手，孩子可能会出现生活上不能自理、学习上不能自律、对学习不负责任的情况。你要在你和孩子之间建立边界，不越界，不要管得过多。只有这样，孩子才能学会对自己负责。

回想一下你当初教孩子走路的情形，是不是你放开双手后，孩子才真正学会了走路？学习也是一样的道理。要想让孩子学会自己动脑思考、自主学习，你需要保持边界感，让孩子自己学，让孩子去碰壁。只有这样，孩子才能真正地成长。

2 学会在孩子面前示弱

有些孩子对父母产生习惯性依赖，也有可能是因为父母太强势、太可靠了。在孩子学习遇到难题，向你求助时，你要学会在孩子面前示弱，不要一开始就把答案、解决方法全部告诉孩子，因为你这样的行为会剥夺孩子思考和解决问题的能力。

你要让孩子树立一个意识：父母并非无所不能，也有不懂的时候，并非什么问题都能解决。你可以告诉孩子："妈妈也不知道这道题怎么解，我们一起想一想吧。""这个字我也忘记怎么写了，你可以查字典。"把问题还给孩子，培养孩子独立思考、独立解决问题的能力，这样才能更好地解决孩子过于依赖你的问题。

请你不要再包办孩子的一切事务，可以给孩子一些提示，但不要事事帮孩子解决。当孩子发现你没办法再帮他时，孩子才能想办法学会独立自主。

③ 适当远离孩子

要让孩子不再习惯性依赖，你也可以用适当远离孩子的办法。有些父母会问："远离孩子，会不会让孩子感到孤独、焦虑？"请注意，这里说的是适当远离——与孩子保持一定的距离，而不是真的远离孩子。

但是，人与人之间是有边界的，即便是父母和孩子之间，也要有心理边界、行为边界。你不该把自己的生活和孩子的生活混在一起。当然，这并不意味着你不再陪伴孩子，而是意味着你在陪伴孩子时，也可以专注地做一件自己的事情，比如，读自己想读的书。请你给孩子营造一个既让孩子感觉到自己被陪伴，又不被打扰的学习环境。这样做，孩子会越来越独立，成长得越来越好。

05

不要让孩子放过学习的黄金时段——课堂时间

"我儿子总被老师点名批评，因为他上课不认真听讲。他不仅自己不学，还打扰别的同学学习。老师提醒他之后，他虽然能安静下来，但不一会儿就开始玩小玩具！一堂课下来，什么都没学到。结果就是，作业不会写，成绩差。我该怎么做，才能让他上课认真听讲呢？"

你是不是也遇到过同样的情况——

场景一

"我孩子的老师打电话向我反映，我孩子在课堂上不好好听讲，总是搞'小动作'。我既生气，又觉得好丢脸。我问我的孩子：'你为什么不好好听课？'他却一点儿都没有做错事后的愧疚感，而是说：'我不喜欢这个老师，我不想听他讲课！'我一听，忍不住要给他讲道理、教育他，他却生气地跑开了，根本不想理我。"

场景二

"我女儿和我说，她觉得在学校上课一点儿也不开心。别的同学踊跃举手回答问题，或向老师提问，而她怕出错，或怕被嘲笑，因此不敢举手。有什么好办法能让她在课堂上变得自信、勇敢吗？"

场景三

"我儿子就不一样了。他在课堂上过于活跃、兴奋，老师讲一句话，他能跟着讲三句不相干的话，总惹得班上的孩子哈哈大笑。老师说他这是想吸引别人的注意力，但这种行为扰乱了课堂秩序。我已经和他讲了很多次，要认真、安静地听老师讲课，不要随便接话，但他我行我素。我怎样做才能帮他改掉这个坏习惯？"

有些父母会发现，孩子在课堂上的表现不理想，存在这样那样的问题：有的孩子爱开小差、走神儿；有的孩子总干扰别的同学上课；有的孩子想认真学，但是听课效率不高……一些父母为此忧心忡忡。那么，如果孩子有类似情况，你该怎么和孩子沟通，怎样帮助孩子，才能让孩子在上课时认真听讲呢？

1 让孩子认识到课堂时间的重要性

为什么课堂时间很重要呢？因为孩子目前主要的学习方式是通过老师的口头、系统的教授，即口传心授，对知识进行理解与记忆。课堂时间是孩子学习的黄金时段。

你要告诉孩子，上课认真听讲、好好学习是他的责任，就像你认真工作一样，让孩子树立自主学习的意识。你还要和孩子谈谈心，多听听孩子的想法，了解孩子的困惑以及在课堂上遇到的困难，帮助孩子排忧解难。

❷ 即便孩子上课不认真，你也不要责骂

有些父母知道孩子上课不认真时，会忍不住责骂孩子，原因可能是替孩子着急，也可能是自己觉得丢了颜面。如果你只会一味地责骂孩子，孩子只会越来越焦虑，对学习失去自信心，甚至产生逆反心理。请你充分了解孩子上课不认真听讲的原因，然后对症下药，和老师一起帮助孩子改正不良习惯。

❸ 教给孩子听课的技巧

如果孩子已经端正了学习态度，但还是不能理解老师课上讲的内容，有可能是因为孩子没有掌握高效听课的技巧。

你可以告诉孩子，应该这样做："课间，你就该把这节课需要用到的课本、练习册、笔记本等拿出来并摆放好，当上课铃声响起后，安静地等待老师讲课。不和其他同学交头接耳，认真听老师讲的每一句话。还要将老师讲到的知识点在书上标记出来或写下来。如果有不清楚的地方，可以举手提问，让老师帮你答疑解惑。"鼓励孩子按照这个方法实践，逐渐让孩子养成认真听课的好习惯，提高孩子的听课效率。在孩子掌握了行之有效的听课技巧，认真完成课堂上的每一项任务后，孩子就能更好地吸收知

识，会越来越自信，课堂纪律也会越来越好。

4 让孩子学会正确地预习和复习

要想让孩子充分利用课堂时间，提高课堂的学习效率，你还需要让孩子学会正确地预习和复习。预习能够提高孩子的听课效率，让听课变得更加有针对性。复习则能够帮助孩子巩固课堂所学的知识。孩子可以用反复记忆的方式，达到"温故而知新"的效果。那么，你应该怎么做呢？

帮助孩子预习。比如，你可以让孩子提前看一遍第二天要学的内容，然后让孩子将不懂的地方标记出来。告诉孩子，第二天上课时认真听老师讲课，把不懂的知识点弄懂。让孩子复习时，你可以让孩子当老师，给父母上一堂课，课堂内容就是孩子当天所学的知识点。当孩子能够把知识点教授给另一个人时，就说明孩子掌握了这些知识点。渐渐地，在孩子建立起自己的预习和复习模式后，你就可以退到一边，孩子独立学习的能力就会越来越强。

5 告诉孩子，不会的问题及时问老师

课堂学习讲究效率，老师会通过让孩子举手回答问题或提

出问题的方式来讲授知识。然而，有些孩子因为性格或其他原因，不敢举手回答问题，或者有疑问也不敢问老师，这对学习无益。为了避免这种情况，你要充分了解孩子的性格。如果孩子是因为不自信而不敢举手回答问题，那么在日常生活中，你要多让孩子在他人面前表达自己的想法，多给孩子鼓励。如果孩子是因为担心回答错误被老师批评，而不敢举手回答问题，你可以告诉孩子，回答错了也没关系，老师更喜欢爱思考的孩子。这样，就会消除孩子的顾虑。你也可以和老师进行沟通，和老师一起想办法，引导孩子举手提问或回答问题，让孩子变得勇敢、自信。

第五章

放下焦虑，
做情绪稳定的
父母

　　当孩子没有完成学习任务时，你是不是会控制不住自己的情绪，去责备、训斥孩子？当孩子考得好时，你是不是总想向他人炫耀？当孩子考得差时，你是不是指着孩子不停地数落？在孩子学习了一天之后，你是不是还抓着孩子不放，向孩子倾诉你的殷切期望？

　　如果你有上述行为，请立刻停止！

　　你也许不知道，你的不良情绪或功利之心会对孩子造成极大的伤害，是孩子学习之路上的巨大阻碍。

　　请你控制自己的情绪，保持冷静和理智，正确对待孩子在学习和生活中出现的问题，做一个心平气和、有边界感的父母。

01

辅导孩子时别生气，
越骂孩子越"糊涂"

"我每天辅导我儿子写作业时都会发脾气。他写数学作业时常常不好好审题，明明题目是求面积大小，他却在计算周长。答案不对时，他只懂得来回计算，不懂得再看一遍题目。我不耐烦地指着题目，对他说：'你怎么不看题目呀！'他'哦'了一声，再写一遍还是错，气得我直拍桌子。可他仍然频频出错，又换来我的阵阵骂声……"

其实，不是只有你是这样的——

场景一

　　"我孩子写作业慢吞吞的，每次我见了都忍不住骂他：'用这个速度写，你不用睡觉了！'我以为我的训斥能给他提个醒，但是他的速度并没有变快。有一次，他在作文里描写了我骂他的场面：'我的妈妈很凶，特别是每天晚上在我写作业时，她就像一个魔鬼……'我惊呆了，没想到我在他眼中是这样的，我该怎么挽回我的形象呢？"

场景二

　　"我晚上要陪着我女儿写作业到很晚，又累又困，我真的无法控制自己的情绪！我责怪她：'你看看你，上课没认真听吧？写个作业，这也不会，那也不会，还学什么学！'说完，我就拿起她的练习本，扔到地上，她一下子就哭了。我更烦了：'不会写，只会哭，有什么用?！'我实在是受不了了，我也很想哭啊！"

场景三

"说来惭愧，我每天晚上辅导孩子学习，经常闹得鸡飞狗跳的，邻居家都能听到我的吼声。一天，路上遇到住在隔壁的阿姨，她对我说：'孩子学习，父母没必要肝火太旺。即便孩子现在成绩不理想，又有什么大不了的呢？孩子平时那么可爱！'是啊，有什么大不了的呢？但孩子总是和我对着干，作业写得乱七八糟的，我肯定来气啊！我都气得摔东西了！"

很多父母对上面的情景深有感触。那么，你是否注意到，孩子在被责骂之后，不仅成绩没有提高，反而出现了逆反情绪。你一定要知道，你的训斥不仅对提高孩子的学习成绩没有用，还有可能让孩子越来越糊涂。因为，训斥会影响孩子的情绪，破坏孩子的心理健康，也会破坏你与孩子之间的边界。你可以思考一下：一个长期处于压力之下的人，其精神状态是怎样的？如果孩子被你的情绪所淹没，那么孩子的心理很可能会朝两个方向发展：或是变得乖巧、麻木，或是变得暴躁、叛逆。所以，教育孩子时，父母对自己的情绪的控制非常重要。但有些父母还是感到很苦恼："道理我都懂，但我就是控制不住自己的情绪呀！"那么，不妨试一试下面几种方法。

1 父母应认识到，骂解决不了问题

在辅导孩子学习时，父母难免会生气。有可能是因为对孩子有所要求，但孩子没有达到要求，有些父母便会气愤、失望。但要记住，骂不能解决问题，如果实在生气，你要做的不是情绪化地表达，而是让自己学会正确地表达情绪。要让孩子去关注他没有认真完成学习任务这件事，而不是去关注你很生气这件事。你可以在说话时放缓语速，把注意力放在自己所说的内容上。另外，不要等到忍无可忍的时候再去解决问题，不要把生气的情绪传递给孩子。

2 觉察自己的情绪，不要让负面情绪升级

你想控制好自己的情绪，就得觉察自己的情绪，不让负面情绪升级。

生气时，你要换一个环境，让自己冷静下来，在心里问自己："我现在处于什么样的状态？是着急、愤怒，还是失望？"随后，感受身体的反应，看看哪个部位不舒服，然后进行深呼吸，接纳身体的不适，一直到你感到负面情绪有所缓解。

冷静下来之后，你还要思考一下自己生气、崩溃的真正原因：是孩子总是计算出错，还是孩子占用了你的时间？你只有找出内心的问题，去解决它，才能心平气和地面对孩子的问题，帮助孩子学习。

③ 根据情况调整你的教育方式

你如果难以控制自己的情绪，可以采用别的方式帮助孩子学习。

首先，你要改变你的观念，你要知道：孩子需要有犯错、知错、纠错的机会，你需要给孩子足够的试错空间，这样孩子才能更好地学习。其次，你如果察觉到自己的负面情绪即将爆发，不如站起来走一走，或去卫生间洗把脸。如果讲不清楚某道题，你也不用焦虑，可以将这道题放一放，让孩子第二天去问老师……

办法总比困难多，只有你做到心平气和，孩子才会拥有平和的学习心态。

④ 就事论事，保护孩子的自尊心

有一些父母负面情绪一上来，就不管不顾地把孩子大骂一顿。孩子原本只是写错一道题，父母却将其升级——要么说孩子今后上不了好学校，要么说孩子不是一个优秀的人……这对孩子很不公平。你可以想想自己的工作：如果因为填错了一项数据，你就被领导大骂为一事无成的人，你会有什么感觉？

孩子也有自尊心，况且，在学习上有失误并不能代表孩子的人生、人格有问题。你不能将孩子的错误无限放大。

就事论事，也是尊重孩子、保持边界感的体现。教育是一个循序渐进的过程，只有你放下焦虑，孩子才能放下焦虑，更好地学习、成长！

02

不要被虚荣心控制，
不要拿孩子来攀比

　　"唉，我的孩子比起邻居家的女儿，真是差得太多了。邻居经常和我说她女儿有多么优秀：回到家就自觉地写作业，周末很少出门玩，要出门也是去兴趣班。她俩是好朋友，我家孩子怎么就不学一点儿人家的优点呢？我家孩子回到家只想玩游戏，到了周末总嚷嚷着待在家里太闷，一定要出门玩。还是别人家的孩子乖！"

　　你可能也会遇到这样的情况——

场景一

"我真的想不通，我儿子怎么就不开窍呢？期末考试，他们班很多同学能考满分，而他只能考个八十几分。大家都是一个老师教的，怎么就不一样呢？我儿子和优秀的孩子差了一截。但我不想让我的孩子输给别的孩子。"

场景二

"我给我的女儿报了书法课、钢琴课、游泳课……虽然她成绩好，但我希望她学得更多。别人家的孩子都很优秀，他们有的办了个人画展，有的出了书，还有的成了小"网红"。我家孩子可不能落后！她将来得上名牌大学，学热门专业，还得拿奖学金呢！千万不能松懈！"

场景三

"我的儿子可不能输在起跑线上啊！他班上的好几个孩子都去学编程课程、机器人课程等，他怎么能落下呢？况且，学这些对他也有好处啊！可是我的孩子一点儿也不明白我的良苦用心，他说：'要学你去学！'我就奇怪了，为什么别的孩子那么乖，从来不和妈妈顶嘴呢？我都是为他好呀！"

有些父母在教育孩子的过程中，会进行攀比：比谁的孩子成绩更好、谁的孩子更听话、谁的孩子报的兴趣班更多……在父母的"操纵"下，孩子似乎变乖了、变聪明了，但是在一次又一次的攀比中，孩子也出现了各种问题。有些父母会发现，孩子可能变得自卑、胆怯，甚至突然不想去学校了。有些父母会说："我拿自家孩子和其他孩子比较，是为了激励孩子呀！""我给孩子报兴趣班，是为了孩子好啊！"……可父母没有看到，孩子已经在你的攀比下失去了学习兴趣，甚至丧失信心了。请父母认识到一点：孩子不是你拿来攀比的资本！请你跳出攀比的怪圈，尊重孩子的个性，建立与孩子之间的边界，还给孩子一个快乐、平和、让个性尽情释放的成长环境。

1 攀比是虚荣心作祟

有些父母拿自己的孩子与别的孩子攀比，这既是虚荣心作祟，也是一种没有边界感的行为，还是一种不尊重孩子的行为。父母要意识到，如果任凭自己的虚荣心泛滥，很容易在对孩子的教养方面体现出来。时时、处处将自己的孩子与其他孩子比较，这样做的结果是：或对其他孩子产生嫉妒心，或对自己的孩子产生不满情绪。但你要知道，你的虚荣心不该由孩子买单。所以，请你正视、克服自己的虚荣心，看到孩子的长处。

② 攀比的本质是自卑

攀比心理，指的是不顾自己的实际情况，通过某些行为或某些物品，与他人进行比较，或向他人证明自己更厉害、更强大的一种较为扭曲的心态，其目的是让自己的心理得到安慰，获得一时的快感。其实，你见不得别人比你好，实际上也暴露了你的自卑。你越是想要炫耀自己的孩子优秀，越是表明你内心不安。你不安的点在于：如果孩子碌碌无为，可能会证明你的无能。所以，与其拿自己的孩子与别人家的孩子进行比较，不如先让自己自信起来。你可以通过持续的学习与阅读，或与自己进行积极的对话，来树立自己的信心，并学会建立健康的个人边界，避免被负面情绪影响。只有你强大了，孩子才会真正强大；只有你自信了，孩子才能学会什么是真正的自信，学习、做事才会更从容、更有主见。

③ 让孩子学会进行良性竞争，不要盲目攀比

有些父母说："我没有攀比呀，我只是让孩子有竞争意识。"父母一定要认识到：良性竞争与攀比是有本质区别的。

良性竞争与攀比的过程不同：在良性竞争中，参与竞争的人在竞争过程中会有所收获，能够通过竞争，审视自己的不足之处，不断完善自我；而在攀比中，攀比者往往不顾自身的实际情况和条件，盲目地与高标准相比，其实是虚荣心作祟。良性竞争和攀比的目的也不一样：良性竞争的目的是在尊重对手的情况下实现自己的既定目标；但攀比的目的仅是为了压制他人，使自己产生所谓优越感，毫无实际意义。当你没有客观、理性地看待孩子的学习成绩，只是为了比较而比较时，就属于攀比。攀比并不能使人进步，你应该教会孩子与他人进行良性竞争，教会孩子全力以赴地为自己的目标奋斗，而不要迷失在嫉妒与虚荣里，从而迷失了方向。

④ 不要赢了起跑线却输了终点线

很多父母特别重视孩子的教育，希望孩子各个方面都能位居前列，常说："不能让孩子输在起跑线上。"但你要知道，人生是一场长跑，而不是短跑。要是孩子没有健全的人格，没有独立的思考能力，即使你的孩子现在能多背几首古诗，也不意味着他将来能自信满满地立足于社会。不要让孩子赢了起跑线，却输了终点线。教育是长跑，比的是耐力。对父母来说，要做到与孩子之间保持边界感，充分尊重孩子的个性，遵循孩子的成长节奏，不要盲目攀比。

5 学习应该是快乐的，父母不要有功利之心

父母盲目攀比的原因，有可能是功利心太重。请你注意，优秀不是只有一种定义，不要被所谓成功学洗脑了。不要因为自己的功利心而对孩子提出种种不切实际的要求。孩子如果身处充满功利心的学习氛围中，会很容易觉得学习是一件痛苦的事，难以体会到学习的快乐。

所以，请你树立起正确的成才观，不要虚荣地拿孩子去攀比，要学会发掘孩子的潜力，找到孩子的优势，认可孩子的长处与能力，这样才能培养出一个自信阳光、心理健康的孩子！

03

接纳自己的情绪，
才能接纳孩子的情绪

"我每次和我儿子对话，都是气不打一处来！我告诉他写完作业后才能出门玩，他却和我讨价还价：'我已经写了半个小时，先出去玩半个小时！'我忍无可忍：'哪儿有你这么不讲理的？你不写完作业就不能出门玩！'他气鼓鼓地去学习了。等我再去他的房间，才发现他不知什么时候偷偷溜出去了。我出门找到他，对他生气地吼叫，并想要过去拉他回家，可他却边跑边躲，还说：'我就不回家！'我越发生气，在他后面使劲追他……那一晚，我觉得自己在大庭广众之下太丢人了！"

类似这样的情况还有很多——

场景一

"面对我女儿的一些行为时，我总是控制不住地发火。有一次她写作业，短短的时间内就去了三趟卫生间。我冲她吼：'写作业不要走来走去！你是不是根本不想写作业？'她说：'妈妈，我就是想上厕所……'她哭了，作业本上全是泪水。回过头来想这件事，我发现我当时发火发得莫名其妙。孩子想上厕所没有错呀，我为什么会那么生气呢？"

场景二

"我教孩子做数学题，在草稿纸上教他演算，可他一自己做就做错。他总是忘记先算乘法再算加法，说了好多次，就是记不得。他只会说：'我忘记了。'我觉得特别无助，在他面前大哭，把他吓了一跳……"

场景三

"我孩子考试没考好会哭，作业完不成会哭，被我批评了也会哭。我认为哭是不坚强的表现。我和他说过，遇到困难时，不要动不动就哭，但他丝毫没改变。现在他成绩下滑，老师说他上课时无精打采，我怀疑他是因为哭得太多影响了学习。我看他哭，就很生气。我要怎么做，才能让他变得坚强呢？"

在生活中，有两类常见的父母：一类父母在孩子面前无法控制情绪，肆意发怒、悲泣；另一类父母则不允许孩子情绪化，不让孩子释放自己的情绪。这两类父母，都是用错误的方式处理自己以及孩子的情绪。父母无法控制自己的情绪，或者不让孩子有情绪，这些都是源于对情绪的错误认知。

很多父母不能接纳自己的情绪，导致自己也无法接纳孩子的情绪，从而让负面情绪破坏了自己与孩子之间的关系。这也是父母没有边界感、不会表达爱的表现。有边界感的父母，会正视并处理好自己的情绪，并能教会孩子接纳和控制情绪，从而在自己与孩子之间建立起良好的情绪边界。请你学会接纳自己的情绪，读懂孩子的情绪，给予孩子安全感与信赖感。

1 父母要学会对自己的情绪负责

有些父母对孩子发泄完情绪后会很后悔，后悔自己太冲动，对孩子太凶、太严厉。一些父母会疑惑："我明明知道吼孩子是会伤害孩子的，可我为什么就是忍不住呢？"那是因为你并没有对自己的情绪负责。

你要想对自己的情绪负责，就要做到接纳自己的情绪。如何接纳自己的情绪呢？首先，你要允许自己有情绪，不管是愤怒、悲伤还是喜悦，任何情绪都是被允许存在的。其次，你应该去了解这些情绪产生的原因：是你对孩子感到失望，还是没人帮你，你感到无助？最后，请你降低期待值，不要去管外界的声音，学会对自己的情绪负责。比如，你教孩子演算时忍不住发火，原因可能是对孩子感到失望，那么，你就降低对孩子的要求，不要逼自己去塑造一个完美的孩子。你可以这么想：只要孩子健康、快乐，算错几道题又有什么呢？孩子的学习主要靠他自己努力，不能强求，你只要尽力协助孩子就行。这样，你才不会被不良情绪吞噬，孩子也就不会受到你的不良情绪的影响。

② 允许孩子哭，而你也可以生气

有些父母很反感孩子哭，认为这是孩子懦弱的表现，这种想法是不对的。你需要明白，孩子是可以哭的，哭是孩子表达情绪的一种合理方式，就像你也可以生气一样。接纳情绪，既允许自己有好情绪，也允许自己有坏情绪，喜悦、悲伤和愤怒等情绪都是被允许存在的。当负面情绪产生时，你不要因此而感到自责、羞耻，相反，要在接纳它的同时告诉孩子，有情绪是一件很正常的事。这样，孩子也能接纳自己的各种情绪。当孩子能够接纳自己的情绪、管理自己的情绪时，孩子才不会变得情绪化，不会被情绪牵着鼻子走。

③ 请用开放的心态对待孩子

有些父母把孩子看管得太紧了，以至于即便孩子有时候提出的要求不是无理的，自己也不接受。请你仔细思考一下：孩子的某些要求是否合理？如果是合理的，能否被满足？答案当然是能。比如，孩子提出学习时间和玩耍时间相等这样的要求，只要孩子自觉完成了学习任务，让孩子支配剩余的时间也无妨。只有在一个相对宽松的环境下，孩子和你的不良情绪才不会被激起并放大，孩子才会更有主观能动性。因此，你大可对孩子保持开放的心态，不要凡事都紧逼孩子。父母的教育和学习都不是孩子的桎梏，孩子需要轻松、自在的氛围。

④ 了解孩子情绪背后的含义

在你能很好地接纳自己的情绪之后，你也就能够接纳孩子的情绪了。首先，你要了解孩子为什么会产生这样的情绪。比如：孩子和你起争执，可能是孩子觉得被冤枉了，不服气；孩子哭，可能是因为他感到自责、愧疚……你要做的不是去压制孩子的情感表达，而是接受、包容孩子的情绪，引导孩子用语言表达情绪，和孩子沟通，正面回应孩子："我们每个人的情绪都会有波动，如果你情绪不好，可以说出来，妈妈会认真倾听你的心声。"要教会孩子用语言表达情绪，而不是让孩子一味地发火或哭泣。

⑤ 请给予孩子安全感与信赖感

你要认识到一点：你已经是成年人了，在情绪管理方面，应该给孩子做表率。在和孩子发生矛盾时，你应采取积极的策略，主动避免与孩子发生争执。你可以对孩子说："让我们各自待一分钟，静一静。""深呼吸，我们都冷静冷静。"你要给予孩子足够的安全感，让孩子对你产生信赖感，在孩子遇到情绪方面的问题时，你要及时介入，找出解决问题的方法，引导孩子学会管理自己的情绪。这样做，有助于孩子建立起健康的情绪表达机制。

请你不要将自己的负面情绪转嫁给孩子，或企图压制孩子的情绪，这种做法可能会破坏你与孩子之间的边界感，既不利于孩子健康成长，也不利于你管理自己的情绪。

04

完美主义要不得，
请接纳孩子的不完美

"我对我女儿的要求一直很高，某些事情如果她某次做得很好，但下一次做得在我眼里不如上一次好，我就会非常不解、难以忍受。比如有一次她参加了学校的作文大赛，获得了一等奖，我十分开心！因为我认为她确实有拿一等奖的实力。但是，第二年她再次参加作文比赛却只拿了三等奖！我想不通，就问她：'上次作文比赛你得了一等奖，为什么这次比赛你只得了三等奖？你到底有没有认真写啊？'我女儿不看我，只是低头看着她眼前的作文书。过了好久，她说了一句让我特别生气的话：'我以后再也不参加作文比赛了。'"

其实，不是只有你一个人这样——

场景一

　　"我十分希望自己的孩子出类拔萃，不允许他现在学习成绩平平。但因为他粗心大意，所以他的成绩并不拔尖儿。我告诉他：'你这样"马大哈"，永远考不到第一名！'他说：'我一点儿也不想拿第一名！'我很希望他积极上进，可他对自己的要求太低了吧？"

场景二

　　"在我眼里，好孩子不光是学习成绩好，在其他方面也要表现得好：懂事、孝顺、勤劳……所以我不仅对我儿子的学习有高要求，对他其他方面的要求也较高。我规定，他晚上只能用一个小时学习，剩下的时间要阅读、做家务、运动等。但过了段时间，我儿子却对我说：'妈妈，我什么都不想做了。'我一直认为，孩子就是需要全方位的锻炼，但是我孩子却越做越颓废，是什么原因呢？"

场景三

"我和孩子爸爸努力工作，为的是给孩子提供更好的学习、生活条件。我每天早上准时起床给孩子做早饭，下了班按时给他做晚饭。我尽心尽力，所以见不得他犯一点儿错。这次，他考试考砸了，我问他：'是妈妈做得不够好吗？要我怎样做，你才能认真学习呢？'他说：'妈妈，你和爸爸对我太好了……我很对不起你们……'我听完很心疼，心疼孩子也心疼自己。有什么办法能解决这个问题呢？"

有一些追求完美的父母，对孩子做的事总是不够满意，总是用高标准要求孩子。这些父母往往是将自己未曾实现的梦想寄托在孩子身上，努力给孩子提供好的生活条件，并把孩子的生活当成自己生活的全部，不断地向孩子施加压力，忽视孩子的情感需求与个性发展，一味地追求孩子达到完美状态。其实，追求完美是一种失衡的教育理念。在这种教育理念下，孩子不仅难以获得成长的动力，还可能因此缺乏自我意识和自我关爱。对孩子的成绩、生活等方方面面追求完美，这种做法是严重不尊重孩子的行为，也是父母缺乏边界感的体现。你不要因自己追求完美而对孩子抱以不切实际的期望，请用包容的心态引导孩子成长。

① 事事追求完美，只会害了孩子

有些父母自己有追求完美的倾向，也会用高标准在各个方面严格要求孩子，这很容易让孩子身心俱疲。

诚然，追求卓越是值得鼓励的，但事事追求完美，可能会导致父母忽略孩子的情感需求，而孩子也会逐渐抑制自己的真实感受。长此以往，孩子很可能逐渐失去自我认知和自我关怀能力。有些孩子会为了迎合父母的期望而否认自己的情感，抑制自己的真实情感，最终可能会失去真实的自我。这样的孩子，就算在各方面表现出色，也有可能难以适应未来的社会生活。

"金无足赤，人无完人。"请你客观看待孩子的成长，不要事事都追求完美，更不要忽视孩子的情感需求！

② 孩子应该真实，不应该完美

有些父母追求孩子在各方面表现完美，可能是因为对孩子的成长认识不到位。其实，认识孩子成长的过程，试错是必经之路。一个真正优秀的孩子不是完美无瑕的，而是真实的。何谓真实？那就是，他可以快乐，也可以悲伤；成功时可以享受奋斗带来的喜悦，失败时也可以勇敢面对，并在调整状态后继续奋斗。这样的孩子才是鲜活的。

如果你不允许孩子犯错，看到孩子出错就数落他，这是对孩子情感的束缚，是对孩子的打压，也是亲子之间界限模糊的表现。你要让孩子勇敢地面对他自己的不完美之处，这样，孩子才有可能更好地进行调整，从而发挥自己的主观能动性，使自己进步。

③ 用六十分做父母，将四十分留给孩子

有些父母会把事情做得非常完美，所以在教育孩子方面，也希望自己能尽全力，让自己达到一百分。而要达到一百分，则意味着对孩子有高期望、高标准、高要求……然而，人与人之间，即便是父母和孩子之间，也需要保持边界感，即在亲密交流中，留出三分余地来相互尊重。如果用百分制来衡量，你只需要做六十分父母就好了，将四十分留给孩子。正如著名心理学家唐纳德·温尼科特所言："六十分妈妈是最好的妈妈。"你不必在所有事情上都要求孩子做到最好，应该给孩子四十分的容错空间与自由度，让孩子有犯错的机会，有探索世界的机会，让孩子有自我认识、自我成长的机会。这样，你才能更好地培养孩子的独立意

识，也能更加轻松地养育孩子。

④ 不要用固化的标准要求、评价孩子

你会不会常和孩子说这些话："要想成功，你应该……""好孩子应该……""要成才，你必须……"这些话反映了你希望孩子表现完美。然而，你如此命令、要求或评价孩子，孩子有可能逐渐失去自我认同感。

在教育孩子时，父母应该认识到孩子的独特性，避免用统一的、固化的标准去要求孩子。留给孩子自由发挥的空间，孩子才能发展个性、学会创新。你可以把选择权还给孩子，换一种方式与孩子沟通，比如，换种表述："如果你尝试……那么你可能会发现……""我们可以考虑去做……你觉得呢？"成功与成才的定义因人而异，怎样的成长道路适合孩子，需要父母和孩子共同去探索。

⑤ 尊重孩子的自我意识

父母在培养孩子时，可能会不自觉地期望孩子把每一件事都做得尽善尽美，而有可能忽略了孩子的自我需求。孩子是独立的个体，有自己的需求与愿望，只是孩子年纪还小，不能完全独

立，所以只能依赖父母。所以，请你把握好自己对孩子提供帮助以及情感介入的尺度，不要向孩子提过高的、不切实际的要求。

有时候，你自以为是在帮孩子又快又好地完成任务，实际上却可能是在过度保护孩子。所以，请你适度放手，让孩子有空间、有机会成为自己，并能独立面对挑战和困难。

05

合理的期望值才能激励孩子

"我女儿很喜欢音乐，她四岁时开始学钢琴，我非常希望她能在钢琴领域闪闪发光，成为一名钢琴家。所以，无论发生什么情况，我都坚持让她每天弹钢琴。可她总和我叫苦：'妈妈，我不想再学钢琴了。'我说：'你要坚持呀，这是为了你好，不能半途而废！'结果，我女儿越来越不爱弹钢琴，看到钢琴就觉得厌恶。这可怎么办？"

或许，不是只有你遇到这样的情况——

场景一

"我儿子在学习上比别人慢半拍，作业写得慢，课堂上也跟不上老师的节奏。我要求他努力学习，如果别人付出 100% 的努力，他就要付出 120% 的努力。每晚，我不仅辅导他写作业，还要当他的老师，再教一遍他当天所学的知识。可是我儿子没有努力的劲头，还说他过得一点儿也不开心。我很苦恼，怎样才能让我儿子知道努力的意义呢？"

场景二

"我女儿成绩非常好，经常被亲戚、朋友们夸奖。但是我认为她总被夸奖会'翘鼻子'，过多的夸奖只会让她变得自大，所以我常常对她说：'没有最优秀的人，只有更优秀的人。'当有人夸奖她时，我会和对方说：'哪里哪里，她还有很多不足的地方，还要继续努力才行呢！'然而，我这样说的次数多了，我发现我女儿脸上的笑容越来越少了。我是不是严厉过头了？还是有别的原因让她变成这样呢？"

场景三

"我对孩子有很高的期望，因为我总能发现他的潜力。他画画不错，我告诉他：'努力学画画，争取办个人画展。'他能说会道，我告诉他：'要好好学一学语言表达，争取当个主持人。'……我想让他把身上的每一个闪光点都发扬光大，但我这么做在他看来好像全是在给他施压。一旦我发现他的某个潜力，想要进行培养，他就和我说：'我不喜欢！'唉……"

有些父母在教养孩子时，可能会遇到这样的情况：你想用心培养孩子的特长，到最后却发现孩子早已不再喜欢，甚至放弃了这个特长；你想让孩子更好地学习，充满期许地激励孩子，孩子却反而变得郁闷……为什么你对孩子的美好期望会变成孩子的压力，甚至压垮了孩子呢？那是因为，你的期望太高了！莫·乔达特曾提出快乐方程式：快乐 ≥ 你对事件结果的感受 – 你对事件的期待。从这个公式可以看出，过高的期望会减少人们快乐的感受，因为它增加了人们对结果的失望。为了让孩子变得快乐，你要学会适当降低自己的期望值，不要给孩子施加过多的压力，保持适当的边界感，让孩子自主追求理想。

1 有时，高期望值不是激励，而是打击

在教养孩子的过程中，有些父母对孩子寄予厚望，希望自己的孩子学习更多知识，拥有更多技能，在未来有一番作为。于是，一些父母给孩子制定了更高的目标、更周全的计划，希望孩子能够成长为优秀的人才。然而，未来尚未到来，孩子就在父母施加的压力下感到不堪重负。

请你注意，过高的期望值对孩子来说，不是激励，而是打击。父母的期望是一种附属驱力，它需要孩子对其进行转化，才能成为孩子的动力。这就要求你在给孩子制定目标时，要考虑孩子的感受，换句话说，这需要你与孩子一起设定一个合理的、孩子也认可的期望值。

如果盲目地为孩子制定目标，对孩子的要求一高再高，不顾及孩子的真实感受，不仅无法激发孩子的动力，还可能让孩子失去自信，失去对生活的热爱，反而阻碍孩子的发展。

孩子将来能否成才，并不是你一厢情愿就能决定的。合理的期待才能让孩子进步，请你降低自己的期望值，用正确的方法激励孩子成长！

② 期望要与孩子的实际水平相符合

有些父母认为，只有设定高期望值，孩子才会不断努力、不断进步，这种想法是片面的。父母对孩子的期望应该与孩子的实际水平相符合。例如，某个孩子的学习能力有限，最多只能考六十分，而他的父母却要求他考到一百分，这就是对孩子期望过高、要求过高。

你要善于观察孩子，充分了解孩子的真实水平和能力，再根据孩子的实际情况，引导孩子制定他有可能实现的目标。一般来说，只要是孩子靠自己的努力就能实现的，没有超出他的能力范围的，就是适合孩子的目标。

每个人在社会上都能找到自己的位置，所以，请你不要太功利，要用平常心看待孩子的成长，对孩子的期望要合理。

③ 尊重孩子的个体差异

有些父母之所以对孩子有非常高的期望，是因为他们未能认识到自己的孩子与其他孩子的不同，认为别的孩子能做到的，自己的孩子也能做到。前文提到，攀比可能会让孩子丧失信心，只有因材施教，才能让孩子真正健康快乐地成长。如果孩子在数学成绩上表现平平，但在语文科目上表现出极大的兴趣与才华，你可以鼓励孩子提升语文素养，比如培养孩子的写作能力等。请你记住，不要让孩子将自己与他人进行横向比较，而要让孩子将现在的自己与过去的自己进行纵向对比，关注自己的成长与进步。只要孩子能够超越自己，每天进步一点点，就是成长。即便偶有退步，你也应该理解并正视，这样做才是对孩子有较为合理的期待。

4 重视孩子努力的过程，不要太重结果

过高的期望值往往意味着你在追求完美的结果。你一定不要为了完美的结果忽视孩子努力的过程。孩子努力的过程有可能不完全符合你的预期，但只要孩子尽力了，就值得你为孩子鼓掌。孩子有自己的成长道路，这条路很有可能不像你想的那样。你也许会认为孩子的成长道路上充满阳光和鲜花，然而孩子的成长道路上很可能充满雨水与荆棘。进行这样的比喻，为的是让你看清孩子成长道路的独特性。你不该仅站在一边评判结果，或用过高的期望让孩子在焦虑与自卑的深海中挣扎，而应该陪伴、支持并帮助孩子，积极参与孩子的成长过程。